Di **SÍ** quiero
con estilo

CÓMO
ORGANIZAR
TU BODA
Y NO MORIR
EN EL INTENTO

(-12 meses)

D1157313

Autoras: Paula Alonso Bahamonde
          Concha Molina Martínez

Coordinación editorial: Rosa Iglesias
Edición: Equipo Rojo de Fassi

Corrección: Patricia Martín

Ilustración: Rubén Alcocer

Ilustración de cubierta: Ximena Maier

Diseño de cubierta y maquetación: D. G. Gallego y Asociados, S. L.

Copyright 2011 por Rojo de Fassi
Avda. Victoria, 70. 28023 Madrid
Teléfono: 91 542 93 52. Fax: 91 542 95 90
www.rojodefassi.com

Reservados todos los derechos. Queda terminantemente prohibido reproducir este
libro total o parcialmente por cualquier medio químico, mecánico u otro sistema,
fuera cual fuese la naturaleza del mismo.

ISBN: 978-84-938725-3-3
Depósito Legal: M-17836-2011
Impresión: Gráficas Monterreina

Di **SÍ** quiero
con estilo

CÓMO
ORGANIZAR
TU BODA
Y NO MORIR
EN EL INTENTO

(-12 meses)

rojo
de fassi

East Baton Rouge Parish Library
Baton Rouge, Louisiana

Índice

SÍ QUIERO,

¿Y AHORA QUÉ?

> La organización de una boda, y por extensión el matrimonio, es uno de los proyectos más importantes en la vida de cualquier persona. Antes de dar el sí quiero es preciso meditar muy bien el camino escogido y la conveniencia de hacerlo con la persona elegida. Después de tomar la decisión de casarte, solo queda que te armes de paciencia y planifiques todos los detalles para vivir los preparativos con alegría y sin estrés. Ponte en buenas manos si quieres consultar todas tus dudas. Tu gran día será inolvidable.

LA clave para casarse y no morir en el intento es ir sorteando esos pequeños inconvenientes que surgen a lo largo de los meses previos al enlace. Se trata de que vivas los preparativos con gran entusiasmo, sin dejar que el agobio o los nervios te hagan perder la ilusión.

La lectura fácil y amena de este libro te ayudará a ver la parte divertida y creativa de cómo planificar una boda. Quizás no sea tu única ayuda, pero seguro que sí un valioso compañero de viaje durante todos los preparativos. Te facilitamos la labor de organizar tu boda con consejos prácticos, ideas creativas, y lo más importante… ¡a un precio razonable!, sea cual sea el tipo de ceremonia o el tiempo que te queda para que llegue el día «D».

Debido a nuestras profesiones, profesora de moda y estilismo y organizadora de bodas o *wedding planner*, conocemos bien cómo acertar en cada uno de los pasos: cómo decorar una mesa, qué invitación es la más adecuada o cuáles son las líneas de los vestidos que más te favorecen. Confiamos en ofrecerte una perspectiva real de la preparación de una boda para que, manteniendo tu estilo personal, aprendas a introducir ciertas mejoras a la hora de organizar cada uno de los detalles.

Esperamos que disfrutes con este libro junto con tu pareja. Hemos querido crear una guía para ambos puesto que una boda (y no digamos un matrimonio) es un proyecto común que resulta de la unión de dos personas. Sea cual sea vuestra situación personal, vuestro presupuesto, vuestra edad, creencia religiosa o circunstancia particular, este libro pretende serviros de ayuda. Os queda un largo recorrido hasta el día «D».

¡dejad que os acompañemos!

LA PETICIÓN

DE MANO

> LA TRADICIONAL PEDIDA TENÍA COMO FINALIDAD LA TRANSFERENCIA DE LAS HIJAS (CONSIDERADAS EN LA ANTIGÜEDAD PROPIEDAD DEL PADRE) AL NOVIO, PERO ACTUALMENTE ESTA PRÁCTICA HA ADQUIRIDO UNA DIMENSIÓN TOTALMENTE DIFERENTE. LA PETICIÓN DE MANO REPRESENTA LA NOTIFICACIÓN DEL COMPROMISO DE CONTRAER MATRIMONIO Y DETERMINA EL COMIENZO DE LOS INNUMERABLES PREPARATIVOS. ES EL MOMENTO IDÓNEO PARA QUE, SI NO SE CONOCEN AÚN, REUNÁIS A LOS MIEMBROS MÁS CERCANOS DE VUESTRAS FAMILIAS.

Después de anunciar a vuestros padres la decisión de comprometeros, tendréis que fijar la fecha de la boda e iniciar todos los procedimientos y trámites, por lo que la pedida es el preludio de lo que se avecina.

La novia y sus padres son quienes normalmente se hacen cargo de organizarla. Invitan al novio y a sus padres a una celebración no demasiado formal, que puede ser un cóctel, un almuerzo o una cena, a la que también suelen acudir hermanos, abuelos o algún familiar muy cercano a la novia o al novio. Aunque tradicionalmente los padres de la novia eran quienes se hacían cargo de todos los gastos, hoy se llega a un acuerdo entre ambas partes.

«Un matrimonio feliz es una larga conversación que siempre parece demasiado corta».

André Maurois

Según la tradición, justo a la llegada del novio y sus padres a la casa de los padres de la novia, el novio entrega un ramo de rosas blancas a su novia. También puede ofrecer algún detalle o alguna rosa suelta a la madre de la novia.

 La petición de mano, además de celebrarse para que ambas familias se conozcan, sirve para tratar diferentes aspectos de la boda, aunque la mayoría ya estén pensados. Los novios comparten con sus familiares cómo desean celebrar su unión y qué ideas tienen para que sea un día inolvidable.

 En caso de segundas nupcias no se suele realizar pedida. Si se hace, lo habitual es organizar una comida o cena informal con los hijos de los anteriores matrimonios. Si la pareja ya convive, el tiempo que transcurre entre la pedida y la boda es más corto.

 La pedida no es una ceremonia en sí, sino un acto protocolario anterior a la boda y por tanto debe tener un carácter familiar e informal. ¡Disfrutad de ella sin demasiadas formalidades!

los regalos

La práctica habitual en nuestra sociedad es regalar un anillo o una pulsera a la novia. En el caso del novio el regalo puede ser un reloj, unos gemelos o un alfiler de corbata. Actualmente se hacen regalos más acordes con la personalidad de los novios o con sus preferencias, de ahí que se esté comenzando a regalar chaquetones de piel, joyas literarias, joyas pictóricas o incluso esculturas, cámaras de video y otros aparatos tecnológicos.
Solo se intercambian regalos los novios.

todos a la mesa

Una vez finalizado el intercambio de regalos, el siguiente paso es colocar a los invitados bien en la mesa de almuerzo o cena, bien alrededor de una mesa preparada para cóctel. En caso de estar sentados, los novios os mantendréis juntos (es una excepción protocolaria, ya que cuando seáis marido y mujer os sentaréis separados) y ubicaréis a los padres de la novia en una situación de presidencia, manteniendo a su derecha, respectivamente, a sus futuros consuegros en alternancia de sexo.

Si se trata de un cóctel de pie los novios permanecéis juntos y charlaréis con los diferentes invitados. Se pueden disponer sillas para las personas de más edad o con problemas de salud.

Recuerda:

1. A la llegada del novio y sus padres a la casa de la novia, el novio suele entregar un ramo de rosas blancas a su novia.

2. La pedida no es una ceremonia en sí, sino un acto protocolario anterior a la boda por lo que su naturaleza es informal y muy familiar.

3. Este acto es una ocasión ideal para que los padres de ambas parejas se conozcan.

4. Solo intercambian regalos los novios y, en todo caso, pueden ser los padres de estos los que entreguen el regalo a los futuros contrayentes. Los padres de la novia al novio y los padres del novio a la novia.

5. En este caso y como excepción protocolaria, los novios os sentáis juntos durante el almuerzo o la cena ya que, una vez seáis marido y mujer, os sentaréis separados.

6. En caso de segundo matrimonio, no se suele organizar pedida, pero si optáis por celebrarla, pensad en un acto más discreto en el que deberían estar vuestros hijos de anteriores matrimonios, si es el caso.

notas y anécdotas para no olvidar:

TIPO DE
CEREMONIA

> ELEGIR EL TIPO DE CEREMONIA ES UNA DECISIÓN QUE TENDRÁS QUE TOMAR EN COMÚN ACUERDO CON TU PAREJA, PUES TODO DEPENDE DE LAS CREENCIAS RELIGIOSAS DE AMBOS. ¿PROFESÁIS LA MISMA RELIGIÓN? ¿O TAL VEZ PREFERÍS UNA CEREMONIA CIVIL? ES IMPORTANTE QUE CONOZCÁIS LOS TRÁMITES LEGALES QUE DEBÉIS REALIZAR Y LAS COSTUMBRES O TRADICIONES DEL TIPO DE CEREMONIA POR EL QUE OS DECANTÉIS.

Debido, entre otras cosas, a la aprobación de la ley del matrimonio entre personas del mismo sexo, en los últimos años han ganado protagonismo los enlaces civiles. Pero casarse por la Iglesia sigue siendo la opción más tradicional. No hay ceremonias bonitas y cálidas y otras frías e insulsas. Todo saldrá dependiendo de tu creatividad para añadir ese toque personal que hará especial tu enlace: un coro góspel, lecturas informales de los amigos más allegados, etc.

Una vez que tengáis decidido qué tipo de ceremonia vais a celebrar, tendréis que preparar la documentación necesaria para el registro civil y, en su caso, los informes que acrediten vuestra unión ante el representante de vuestra confesión religiosa.

«Es el espíritu, no el cuerpo,
lo que hace durable el matrimonio».

Publio Siro

ceremonia religiosa católica

La boda católica implica «la alianza matrimonial por la que el varón y la mujer constituyen entre sí un consorcio de toda la vida, ordenado por su misma índole natural al bien de los cónyuges y a la generación y educación de la prole» y «fue elevada por Cristo nuestro Señor a la dignidad de Sacramento entre bautizados» según el código de derecho canónico. En España la ceremonia religiosa católica es la más generalizada y la que goza de mayor tradición. A pesar de que marca ciertos límites en los pasos a seguir, podéis personalizarla e implicar en ella a vuestros familiares y amigos para que su celebración esté llena de emoción y sentimiento.

Como parte de la liturgia podéis añadir piezas musicales para diferenciar cada uno de los momentos: entrada del novio, entrada de la novia, lectura del Evangelio, consentimiento, comunión, firmas, salida de los esposos...

los requisitos necesarios son:

Las partidas de bautismo de ambos contrayentes y las de vuestros hijos si los tenéis. Debéis aportar, asimismo, el certificado de haber realizado el cursillo prematrimonial. Esta documentación ha de ser presentada en la parroquia de alguno de los dos contrayentes para tramitar el expediente matrimonial. Tendréis que aportar, además, dos testigos. No pueden ser padrinos las personas que profesen otra confesión religiosa o alguien indiferente a la fe. Tampoco quienes estén en unión libre o estén casados por lo civil.

creencias populares

«Algo viejo, algo nuevo, algo prestado o usado y algo azul». Esta superstición procede de la Edad Media. Entonces se pensaba que, durante la celebración de las bodas, era augurio de buena suerte la utilización de:

> Algo viejo, que representa el vínculo de la novia con su pasado. Suele ser una joya familiar.

> Algo prestado por un familiar o una amiga cuyo matrimonio haya sido un éxito. Simboliza la amistad.

> Algo nuevo, que significa la esperanza por un futuro feliz.

> Algo azul, el color que simboliza la fidelidad. En EE.UU. el liguero azul que llevan algunas novias representa la virginidad.

[otras tradiciones] Se cree que arrojar arroz (u otros granos) después de la ceremonia provoca la venida de descendencia de forma rápida. En China, para alejar a los malos espíritus, se provocan ruidos fuertes con las llamadas bombas de estruendo.

las arras

Las arras matrimoniales son trece monedas que los novios intercambian en la ceremonia religiosa y que representan el contrato entre el hombre y la mujer.

Esta tradición tiene su origen en una creencia árabe según la cual cada moneda representa un mes del año y la decimotercera es la denominada «moneda para los pobres».

En la Edad Media las arras eran conocidas como la dote matrimonial y se destinaban al sustento de la esposa en caso de que enviudara. En la lista de las arras se incluían: tierras, reses, casas, ropa e incluso ajuar.

Actualmente las arras tienen un valor simbólico. Normalmente se adquieren en joyerías y suelen ser de plata o alpaca, más económicas que las de oro.

[arras muy prácticas]

Una solución muy económica es utilizar trece piezas de la moneda en curso. Llévalas a una joyería para darles un baño dorado y ya verás cómo te sorprende el resultado: quedan igual de bonitas que las arras originales.

las alianzas

Simbolizan el compromiso entre los esposos. La alianza de boda se coloca en el dedo anular de la mano derecha o izquierda, dependiendo de la tradición de cada zona geográfica.

Esta práctica es ceremonial y su ausencia no invalida el matrimonio, aunque la tradición marca que esta costumbre se celebre en bodas de carácter religioso y civil. Antiguamente eran de hierro sin piedras añadidas hasta que en el siglo II se estableció la costumbre de fabricar las alianzas de oro. Hoy puedes encontrar el modelo clásico y tradicional y otros más actuales diseñados en diversos materiales.

ceremonias civiles

Las ceremonias civiles, que tanto auge han alcanzado en los últimos años, pueden llegar a ser igual de bonitas y emotivas que las religiosas. El tipo de celebración ha de ser una elección libre de los futuros esposos, que decidirán acerca de cómo quieren festejar su boda, a quién desean congregar y qué tipo de ceremonia los unirá en matrimonio.

Si los dos no sois creyentes o no estáis dispuestos a cumplir con los preceptos que exige la fe cristiana, entonces la ceremonia civil ha de ser la opción elegida para entregaros en matrimonio ya que es jurídicamente válida y no conlleva ninguna obligación sacramental como en el caso de la boda religiosa.

Hace años, un matrimonio civil era considerado de segunda clase. Sin embargo, en la actualidad esta unión es igual de válida y alcanza la misma solemnidad.

Con el matrimonio civil surgen una serie de derechos y deberes entre los cónyuges, como son el deber de respetarse y ayudarse mutuamente y actuar en interés de la familia. El marido y la mujer son iguales en derechos y deberes.

Los cónyuges estáis obligados a vivir juntos, guardaros fidelidad y socorreros mutuamente. Igualmente cada uno está obligado a satisfacer las necesidades económicas del otro, con independencia del régimen económico elegido. Cualquiera de vosotros podrá realizar los actos encaminados a atender las necesidades ordinarias de vuestra familia.

La ceremonia civil admite muchísimas variaciones. La estructura consta de seis partes fundamentales: entrada del novio y de la madrina, entrada de la novia con el padrino, introducción del oficiante, lectura de los artículos del código civil, lecturas personales de familiares y amigos, firmas y salida de los recién casados.

Estos momentos suelen ir acompañados de música en directo con un significado especial para vosotros. Todo tiene cabida, desde bailes regionales a castillos de fuegos artificiales, incluyendo presentaciones en ordenador que permiten personalizar al máximo cualquier celebración.

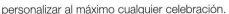

matrimonio gay

En julio de 2005 se aprobó en España la ley del matrimonio entre personas del mismo sexo. Desde entonces y hasta finales de 2006 se celebraron en nuestro país un total de 5.582 bodas gays según el Instituto Nacional de Estadística (INE). Con la aprobación de esta legislación, España se convirtió en el cuarto país del mundo, tras Holanda, Bélgica y Canadá, que permite el matrimonio entre personas del mismo sexo, una unión que también es reconocida en el Estado de Massachusetts (Estados Unidos).

En algunas antiguas sociedades romanas y griegas, los vínculos entre personas del mismo sexo eran enaltecidos y celebrados, aunque se desconoce a ciencia cierta si esas uniones eran reconocidas socialmente como matrimonios. No se conocen vestigios del título conyugal entre personas del mismo sexo en el siglo XIX ni a principios del siglo XX que puedan considerarse equiparables al matrimonio heterosexual en vigor durante esas épocas.

> Hoy el matrimonio homosexual es un reconocimiento jurídico y civil que regulariza la convivencia de dos personas del mismo sexo con idénticas obligaciones y consecuencias que las existentes para los matrimonios heterosexuales. Se ha instituido de forma legal manteniendo el procedimiento jurídico reconocido para matrimonios de diferente sexo, es decir salvaguardando su naturaleza, atributos, obligaciones y resultados.

> Junto a la institución del matrimonio existen otras alternativas para regular la unión entre personas del mismo sexo, como son las parejas de hecho o uniones civiles. No hay que olvidar que el matrimonio entre personas del mismo sexo está basado en los Derechos Humanos Universales, y está amparado por la Oficina del Alto Comisionado de las Naciones Unidas para los Derechos Humanos, que reconoce el matrimonio como un derecho que asiste a todas las personas con independencia de su orientación sexual según la premisa de igualdad ante la ley de todos los ciudadanos.

> La celebración de una boda entre homosexuales es idéntica a la de cualquier boda heterosexual aunque se estima que el gasto destinado es mayor.

[una boda entre nubes]

Una aerolínea escandinava ha creado la primera boda gay del mundo... ¡en el aire! Se trata del vuelo Estocolmo-Nueva York que tuvo lugar en diciembre de 2010 y que sorteó tan glamurosa experiencia entre más de 9.500 parejas homosexuales. Los ganadores pudieron disfrutar la vivencia de convertirse en matrimonio a más de 1.500 metros de altura.

Las migraciones tienen repercusiones económicas, políticas y sociales. Religiones como el protestantismo, el islamismo y el judaísmo están arraigadas en España debido al gran número de inmigrantes que recibimos desde hace años.

Estos credos cuentan con el reconocimiento legal de los efectos civiles del matrimonio religioso por lo que, con independencia de la confesión religiosa, cada pareja ha de realizar su inscripción en el registro civil, dentro del plazo habitual, para reconocer su matrimonio de forma jurídica dentro de nuestra sociedad si ese es su deseo.

matrimonio islámico

> Tanto el acta otorgada por la entidad religiosa que acredita la celebración del matrimonio, como el nombre y la edad de los contrayentes y testigos y la fecha de celebración, han de ser presentados en el registro civil dentro del plazo señalado para que la unión tenga efectos legales.

> El registro civil comprobará el cumplimiento de los trámites legales y os dará a conocer vuestros derechos y deberes de acuerdo a la ley. Los futuros cónyuges ratificaréis el consentimiento prestado ante el ministro de culto de vuestra confesión religiosa.

> Para el derecho islámico, cualquier persona que se halle en pleno uso de sus facultades y haya alcanzado la adolescencia puede contraer matrimonio. El límite de edad se fija en quince años para el varón y en doce para la mujer. El consentimiento matrimonial se manifiesta en presencia de dos testigos adultos y musulmanes. Sin embargo, en la actualidad los matrimonios entre menores no están permitidos en España.

> Debido a que el islamismo es un culto que abarca diferentes nacionalidades, razas y culturas, la celebración se festeja de una forma u otra dependiendo del país. Por lo general, vuestros padres se encargarán de todos los preparativos y de la organización. El vestido de la novia es blanco aunque las túnicas de colores con brocados de oro también son frecuentes, aparte de la decoración de manos y brazos con *henna*.
> Normalmente las bodas se celebran en palacios, que se alquilan para la ocasión durante dos días, y se cocina un cordero entero, cuscús, pinchos de hojaldre con azafrán, almendra y azúcar y otros dulces similares. La no asistencia a una boda ha de tener una excusa de peso, ya que estar presente es prácticamente una obligación.

> El matrimonio islámico es de naturaleza contractual, requiere el mutuo consentimiento y está abierto a condiciones adicionales que se pueden negociar. Además puede disolverse y sus condiciones pueden modificarse dentro de los límites legales. Es una institución divina que supone el compendio del sacramento y del contrato civil.

matrimonio judío

> Las parejas que deseen casarse ante un ministro de esta confesión (rabino) deberán promover el expediente previo al matrimonio ante el registro civil. El enlace civil tendrá validez una vez que el ministro de culto que oficie la ceremonia lo valide junto con la presencia de dos testigos mayores de edad. Este proceso se tiene que desarrollar antes de que hayan transcurrido seis meses desde la expedición del certificado de capacidad matrimonial.

> Una vez celebrada la ceremonia religiosa, el rabino extenderá una diligencia expresa de la consecución de la misma que debe contener los requisitos necesarios para la inscripción en el registro civil.

> Los novios podéis elegir libremente el espacio donde queréis celebrar la boda. No hay restricciones de ningún tipo para que un matrimonio judío se lleve a cabo en cualquier entorno fuera de una sinagoga. Puede oficiarse en el idioma nativo de los novios o, si se prefiere, en hebreo. Para que se pueda celebrar el enlace religioso, primero tiene que haberse oficiado la ceremonia civil en un organismo público oficial. Normalmente la boda civil se realiza unos días antes de la celebración religiosa y tan solo requiere la presencia de los novios y los testigos.

> En la boda judía el anillo es parte integrante de la ceremonia. Su entrega determina la unión y el matrimonio del hombre y la mujer. Para que el acto sea lícito, el anillo debe ser propiedad legal del novio.

> El momento más importante de la boda judía llega cuando completáis y firmáis la *Ketubá*. Este término significa literalmente «lo que está escrito». Es un contrato en el que el hombre declara que cumplirá con sus obligaciones como marido, según la ley y la tradición judías. También se estipula la cantidad de dinero que el marido deberá entregar a su mujer en el caso de que se disuelva el matrimonio.

> La novia viste de blanco y cubre su cabeza con un velo; el novio lleva una *kipa* blanca en la cabeza y sobre los hombros. La flor utilizada es la cala, pues el sonido de esta palabra en hebreo significa «novia» (*kalá*). La novia no puede llevar joyas durante la ceremonia hasta que, a su finalización, el novio le coloque la alianza en el dedo índice de la mano derecha, que llevará durante toda la celebración.

> Es costumbre que el novio rompa una copa de vino para concluir la ceremonia. Esta tradición tiene su origen en el Talmud y simboliza la destrucción de Jerusalén y del Templo.

> En cuanto al banquete, la comida se ajusta a las reglas *kosher,* que prohiben comer cerdo y sus variantes, así como moluscos, mariscos o crustáceos. Tampoco se deben tomar lácteos y carnes en el mismo plato. Además la vajilla, cubertería, cristalería y los utensilios empleados para guisar, han de ser desinfectados, al menos, veinticuatro horas antes de utilizarse.

bodas multiculturales o mixtas

A veces se celebran bodas mixtas, es decir, matrimonios entre personas de diferente religión, o entre una persona creyente y otra que no lo es. No hay inconveniente si la unión se realiza civilmente, ya que simplemente hay que aportar la documentación solicitada y abrir el expediente matrimonial. Salvo que la tramitación tarda unos meses más, no tiene más complicación.

En el caso de una boda religiosa es algo más complejo, aunque posible. Esta cuestión es abordada por la Iglesia Católica de la siguiente manera: al menos uno de los dos ha de profesar la religión católica y estar bautizado. Hay que pedir una dispensa que permita esta unión mixta siempre con la promesa escrita de que vuestros hijos serán educados en la fe católica. Durante la celebración, solo comulgará quien sea creyente y esté bautizado.

Asimismo, es posible que se realice una conversión a la fe católica por parte del que pertenezca a otra religión.

El número de bodas mixtas en España se ha multiplicado en los últimos años. De los 228.000 matrimonios que hubo en España en 2009, 22.294 fueron mixtos. ¡Afortunadamente las cosas son más fáciles cada día! Superados los trámites tanto para la boda civil como eclesiástica, hoy estas uniones son posibles y socialmente aceptadas.

Recuerda:

1. El matrimonio conlleva una serie de derechos y deberes entre los cónyuges que incluyen el deber de respetaros y ayudaros mutuamente y actuar en interés de vuestra familia.
2. Algo nuevo, algo viejo, algo usado y algo azul. Si sois supersticiosos, no olvidéis cumplir con la tradición a rajatabla.
3. Si te invitan a una boda musulmana, ten en cuenta que la no asistencia a la misma ha de estar avalada por una razón de fuerza mayor ya que es prácticamente obligatorio asistir.
4. Personaliza tu boda con lecturas que realicen familiares y amigos y música en directo.
5. Las religiones más extendidas en España, tras la católica, son la musulmana y la judía.
6. Los matrimonios mixtos son uniones posibles y socialmente aceptadas. Una vez presentada la solicitud correspondiente en el registro, su tramitación tarda exactamente igual que la de cualquier otro matrimonio de una misma cultura.

notas y anécdotas para no olvidar:

IDEAS PARA TU BANQUETE

> Una vez que la ceremonia ha concluido y después de felicitaros, los invitados están expectantes acerca de cómo será el banquete, qué espacio habéis escogido para la celebración y con qué tipo de menú los vais a agasajar. Para organizar con éxito el banquete, es recomendable que conozcáis las diferentes opciones que tenéis para sorprenderlos. Cuidado con vuestro bolsillo, pues la decisión que toméis supone aproximadamente más del sesenta por ciento del total del presupuesto destinado a una boda.

LA música prevista debe estar sonando a medida que van llegando los invitados al espacio destinado al cóctel de bienvenida. Este no solo sirve para ofrecer un aperitivo sino también como acto social: es el momento perfecto para que la gente se salude o se conozca personalmente. Vuestra llegada, después de la sesión fotográfica, marcará el inicio del banquete que habéis elegido según vuestras indicaciones en cuanto a menú, decoración, forma y disposición de las mesas, etc. Como colofón, no puede faltar la tarta, que podéis personalizar con ideas originales, y la apertura del baile, para el que quizá sea muy buena idea acudir unas semanas antes a clases particulares de vals, tango o el tipo de danza que elijáis.

«No existe plato desdeñado en la cocina cuando se realiza de una manera auténtica».

Cervantes

uno **TIPOS DE BANQUETE**

cóctel de pie

Esta variedad, muy en boga actualmente, permite una celebración sencilla, dinámica y muy divertida. Se puede organizar a cualquier hora del día. Los camareros ofrecerán en bandejas el menú que hayáis elegido, tanto lo salado como lo dulce. Aunque este tipo de banquete consiste en consumir la comida de pie, normalmente hay que prever algunas sillas para que la gente de más edad pueda sentarse. De forma dispersa se colocan veladores destinados a dejar palillos, servilletas, copas, etc.

Lo mejor de una boda tipo cóctel es que todos los asistentes se interrelacionan y se crean grupos de diferentes afinidades. Además los novios no os quedáis aislados en una mesa, sino que podéis compartir vuestras experiencias... ¡con cada uno de los invitados!

bufé

La oferta de platos suele ser muy amplia en este tipo de celebraciones. El éxito de un buen bufé es que no se formen largas colas; que los invitados puedan servirse rápida y cómodamente tantas veces como deseen. Una buena idea es instalar más de una mesa de bufé en el caso de que la boda reúna a una cantidad considerable de familiares y amigos. Si tenéis invitados mayores podéis contemplar la posiblidad de contratar aparte un servicio de camareros que les ayude a servirse. Un detalle que no se os debe escapar es que las mesas estén perfectamente dispuestas con sus cubiertos y copas.

sentados

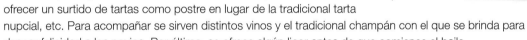

Es la modalidad de banquete más popular entre las elegidas por los contrayentes. Los camareros atienden a los comensales en todo momento, con lo cual estos solo tienen que preocuparse de relajarse y disfrutar. La comida suele consistir en unos entremeses, primer y segundo plato y postre. Existen muchas variantes que los novios podéis acordar con la persona encargada, como por ejemplo dar a elegir a cada invitado el plato que desea tomar entre dos o más opciones, ofrecer un surtido de tartas como postre en lugar de la tradicional tarta nupcial, etc. Para acompañar se sirven distintos vinos y el tradicional champán con el que se brinda para desear felicidad a los novios. Por último, se ofrece algún licor antes de que comience el baile.

Si la fiesta se prolonga hasta altas horas de la madrugada es conveniente que ofrezcáis canapés o incluso chocolate para continuar con la animada velada. Es muy común ofrecer una recena después de dos o tres horas de barra libre. Esta puede constar de sándwiches, canapés, empanada, hamburguesitas y alguna opción dulce, incluso huevos con patatas en algunos sitios del sur de España o los madrileños churros con chocolate.

corners de comida

Esta opción está teniendo cada vez más éxito. Se organizan entre seis y diez mesas con diferentes variedades de comida. O bien se sirven directamente los comensales o bien se sitúa un camarero en cada una de las mesas para servir a los invitados. De esta forma podéis organizar *corners* o mesas de ensaladas, ibéricos, arroces, *shushi* y *sashimi,* cremas y gazpachos, quesos, tartas y pasteles y un largo etcétera, ¡según la imaginación del *catering* y vuestras preferencias!

[salones] Los salones de boda llevan celebrando este tipo de acontecimientos desde hace muchos años. Para comodidad de todos suelen contar con aparcamiento y discoteca y habitualmente están situados dentro de la ciudad, lo que implica que los invitados no tendrán que hacer grandes e incómodos desplazamientos para disfrutar de vuestra fiesta.

Una vez que habéis elegido el tipo de banquete, el siguiente paso es decidir el menú que ofreceréis a vuestros invitados. Lo normal es invitarlos a un cóctel de bienvenida mientras estáis en la sesión fotográfica y de ahí pasar al primer plato. Es aconsejable que elijáis platos de temporada para aseguraros de la buena calidad de los ingredientes y evitar que el precio se salga de vuestro presupuesto. Acertaréis si el menú incluye dos platos entre los que los comensales puedan elegir. Y algo importante: tened previsto menús adecuados para niños, invitados de otras confesiones religiosas, vegetarianos, o personas con limitaciones de salud, como hipertensos o diabéticos. Los profesionales encargados de desarrollar el menú os aconsejarán lo más adecuado dependiendo de la temporada, el número de invitados y de si alguno de ellos precisa de una dieta especial.

Los vinos siempre deben estar en consonancia con el menú que hayáis decidido. En general, los vinos tintos acompañan a la carne roja y los blancos, al pescado, pollo y marisco. Los rosados resultan más versátiles por ser más dulces; se acoplan muy bien a casi cualquier tipo de carne y pescado, si bien es más habitual tomarlos en el aperitivo o durante el postre. Existe una gran variedad de procedencias y precios que deberéis ajustar según vuestro presupuesto.
Y por último, para acompañar los postres y brindar por la felicidad de los novios... ¡no puede faltar el cava o champán!

dos **BODA DE FIN DE SEMANA**

El término «boda de fin de semana» engloba una serie de celebraciones que tienen lugar desde la tarde del viernes a la del domingo. Se trata de un gran proyecto que siempre da algún que otro quebradero de cabeza, pero que sin duda merece la pena planear.

Para planificar una boda de fin de semana tendréis que avisar a los invitados lo antes posible, al menos ocho meses antes del evento, ya que este tipo de boda requiere mucha organización y acarrea complicaciones logísticas. Si os vais a hacer cargo de los gastos de alojamiento y transporte, vuestros invitados deberán ceñirse a vuestra organización. En caso de que los asistentes se encarguen de todo, deben conocer todos los detalles lo antes posible para buscar las mejores opciones.

Consejos interesantes para un fin de semana memorable:

> **Jueves noche**. Los novios podéis ir a cenar con vuestros padres y hermanos a un restaurante cercano al domicilio de la novia. Si ya estáis en el lugar donde se celebrará la boda y se trata de un hotel de vacaciones, la cena será en el mismo establecimiento, en un comedor distinto al que albergará el banquete.

> **Viernes**. La mayoría de los invitados llegará a lo largo del día.
> En caso de viajar en avión, una empresa de traslados o algún familiar cercano puede ir a recogerlos al aeropuerto. Una vez que se acomoden en sus respectivas habitaciones o apartamentos, es ideal organizar una cena de bienvenida tipo bufé lo más informal posible, el colofón perfecto para un largo día de viaje. Durante la velada los novios podéis agradecer a los invitados el esfuerzo que han hecho para poder acompañaros durante esos días.
> Después de la cena es aconsejable no seguir con copas ni planear una fiesta. Si los más jóvenes deciden salir, es aconsejable que no trasnochen hasta altas horas de la madrugada. Podéis quedaros a charlar pero lo mejor es que os retiréis lo antes posible. Al día siguiente tendréis que estar pendientes de que no falle ninguno de los preparativos.

> **Sábado**. ¡El día «D»! Según el esquema de preparativos y planificación, los novios estaréis inmersos en mil arreglos mientras los invitados aprovecharán para estar juntos dando algún paseo o realizando alguna compra de última hora. El día de la celebración se puede alargar tanto como el cuerpo aguante.

> **Domingo**. Lo ideal es organizar un *brunch* sobre las 13:00 h. para los invitados. Si hubierais comenzado ya vuestra luna de miel, vuestros padres agradecerán a los invitados su asistencia y los regalos que os han hecho. Si todavía no os habéis ido, parad un momento para despediros y pedid disculpas por ausentaros para preparar el equipaje. Podéis organizar diversas actividades, como rutas a caballo, un partido de tenis en familia, una salida turística, visitas a anticuarios o un circuito de *spa* en el mismo hotel. Seguro que los invitados no olvidarán lo bien que lo pasaron en vuestra boda.

Si queréis una boda de fin de semana, tenéis que tener en cuenta varios aspectos para facilitar la asistencia a vuestros invitados y lograr una celebración de ensueño, cómoda, divertida y redonda:

◎ Iniciad una lista de invitados y valorad cuáles son sus circunstancias personales para saber quiénes tienen algún hándicap a la hora de acudir o alguna imposibilidad (física o familiar) para ello.

◎ Enviad cartas informativas o tarjetas a cada uno de los invitados para confirmar el fin de semana en el que tendrá lugar vuestra boda, así como el sitio donde se celebrará. Podéis añadir un breve comentario que explique por qué habéis pensado celebrarlo en un entorno como el elegido y por qué queréis que esa persona os acompañe.

◎ Unos tres o cuatro meses antes de la boda, enviad las invitaciones con los máximos detalles posibles para facilitar a vuestros invitados la organización del fin de semana: vuelos, accesos por tren y carretera, hoteles, restaurantes, servicio de taxis, coches de alquiler, etc.

◎ Preparad cuestionarios para que vuestros invitados los rellenen. Consultadles cuántas personas van a acudir, cuántos adultos y cuántos niños, cuántas noches se quedarán, si hay algún requerimiento especial para el menú, si necesitarán vigilancia para niños o ancianos, si llevarán mascotas, si están interesados en alguna de las actividades que habéis reservado, así como los detalles de su viaje y las horas previstas de llegada y salida.

◎ Facilitad una planificación de las actividades previstas durante esos días a vuestros invitados. Informadles de las reservas que habéis hecho si es el caso, de la distancia del hotel al recinto que albergará la celebración, de cómo será la ceremonia, de las características del entorno, de la vestimenta adecuada y de la previsión meteorológica. Proporcionadles planos de la zona y la dirección de tiendas cercanas por si tienen que realizar alguna compra de última hora (farmacias, tiendas de complementos, peluquerías, cafeterías, etc). Asimismo es necesario que les expliquéis cuáles son los requisitos imprescindibles para viajar (pasaporte, visados o vacunas). ¡Evitaréis que un trámite no realizado impida la entrada de algunos de vuestros invitados en el país o ciudad donde tendrá lugar la boda!

Los detalles son importantes, así que si queréis que vuestros invitados se sientan queridos y bien atendidos, prestad atención a algunas de las ideas originales que podéis tener para agasajarles. Quedarán encantados si les recibís con un regalo o un detalle, una especie de paquete de bienvenida que les haga saber que estáis felices de que hayan acudido:

> **Una nota de bienvenida en la habitación del hotel.** Una breve pero atenta nota de bienvenida será un buen símbolo de hospitalidad.

> **Una cesta de fruta, una botella de vino o unos dulces.** Pueden ser el fabuloso y refrescante detalle que encuentren nada más abrir su habitación. No olvidéis adjuntar la nota de bienvenida.

> **Un mapa personalizado.** Señalad en él vuestros sitios preferidos: museos, restaurantes, grandes almacenes, tiendas o galerías de arte, por ejemplo. Será un circuito que no deberán perderse durante su estancia en el lugar.

> **Regalo de agradecimiento.** Un *souvenir* típico de la localidad puede ser una buena idea. En caso de que la boda sea al aire libre o en la playa podéis facilitarles pamelas, abanicos, alpargatas o sombrillas adecuadamente envueltas en papel transparente, con instrucciones precisas sobre en qué momento deberán utilizar el obsequio.

> **Material informativo.** Unos folletos del destino que están visitando pueden resultar de gran utilidad. Una guía de viaje con información acerca del clima, horarios, propinas y sitios de visita obligada es ideal para que vuestros invitados no se sientan perdidos.

> **Un diario para los niños.** Una buena idea para que los niños se mantengan entretenidos durante esos días y no se aburran demasiado es regalarles unos diarios donde puedan plasmar lo que hacen cada día, sus deseos, inquietudes, etc.

lugares históricos

Se trata de antiguos conventos, palacios, palacetes, castillos o monasterios que han sido restaurados y que cuentan con todas las comodidades e infraestructura hostelera dentro de un entorno histórico. Están emplazados en paisajes increíbles y suelen tener un buen jefe de cocina que elabora menús imaginativos.

Los platos casi siempre tienen que ver con el emplazamiento o con el tipo de cocina que se hacía en este tipo de construcciones, como dulces de convento, caza de la zona o bien cocina típica de la localidad.

tres **ESPACIOS DIFERENTES**

Encontrar el espacio perfecto para vuestro banquete de boda es la tarea más complicada de toda la organización. Por una parte, los novios no disponéis de mucho tiempo para buscar y, por otra, la oferta es de lo más variada y extensa. Es lógico que os dejéis aconsejar por una empresa de organización de bodas, cuyos profesionales, conocedores de las particularidades de este mercado, os revelarán las claves para encontrar el lugar idóneo. Para acertar es preciso tener en cuenta el entorno, la distancia de vuestra casa o del lugar donde celebraréis la ceremonia, la ubicación del sitio, el tipo de comida, su prestigio, el precio, la comodidad, etc.

Aparte de los salones de boda, grandes hoteles y fincas rústicas, hay otro tipo de espacios que se están imponiendo como una alternativa a las ofertas más habituales. Ofrecen los mismos servicios para diferentes presupuestos.

hoteles *boutique*

Estos pequeños hoteles son ideales para bodas íntimas. Suelen tener un máximo de 40 habitaciones y su salón tiene cabida para unas 100 personas, por lo que no confluyen más bodas a la vez. Es una opción llena de encanto que siempre permite más licencias que un restaurante al uso, debido a que el hotel no tiene horario de cierre al mediodía. Además, la mayoría de estos establecimientos cuentan con un jardín interior o una terraza donde poder celebrar el cóctel y la ceremonia civil, si fuera el caso.

espacios *urban-chic*

Son ambientes multifuncionales y diáfanos que están teniendo mucho éxito a la hora de organizar celebraciones diferentes, como por ejemplo galerías de arte, platós de televisión o antiguas naves industriales. La ventaja de estos sitios es que, como suelen ser urbanos, vuestros invitados pueden trasladarse en taxi desde su residencia. Su marca diferencial es que se personalizan con ilimitadas opciones de decoración. Esta elección es de lo más versátil y original y cada vez cobra más adeptos, especialmente cuando los novios tienen un concepto de la boda diferente y quieren transmitir a sus invitados que la suya no es una celebración convencional. Aunque estos lugares cuentan con espacio suficiente para celebrar bodas grandes, podéis organizar un bufé o servir la comida en cóctel para favorecer que vuestros invitados disfruten del día cerca de vosotros.

bodegas

La proliferación de bodegas-hoteles como lo último en ecoturismo demuestra que la cultura del vino está de moda. Para la celebración de una boda esta propuesta presenta un escenario idóneo. Podéis organizar catas de vino y maridajes durante el cóctel y mientras los novios estáis en la sesión de fotos. La opción gastronómica suele ser más que satisfactoria, por no hablar de la horquilla tan amplia en cuanto a degustación de caldos que tanta aceptación tiene últimamente en nuestro país.

spas y balnearios

La celebración de una boda en un *spa* o balneario está concebida para que dure todo un fin de semana. Los novios se suelen encargar de organizar un circuito *spa* de forma que los invitados, que llegan un día antes de la celebración, experimentan un relajante recorrido por una serie de tratamientos especiales que harán las delicias de muchos. Se trata de hoteles tranquilos que, además del balneario o *spa*, ofrecen opciones para disfrutar de la naturaleza como rutas a caballo o en *quad*, visitas a lugares emblemáticos o clases de alpinismo.

chalés o casas particulares

Se alquilan durante un fin de semana, totalmente en bruto, es decir sin contratar los servicios de *catering*, decoración, personal, etc. Se trata de una opción muy cómoda a la hora de planificar vuestro evento ya que tenéis total libertad para configurarlo como vosotros queráis. Además de pagar el alquiler por el usufructo del espacio, los novios os encargaréis de contratar todo lo necesario: oficiante, músicos, decoración, arreglos florales, etc. Los propietarios de la casa no realizan ninguna prestación, aunque no suelen poner pegas a la hora de permitir total libertad de movimientos.

opciones originales y divertidas

Si te atreves, puedes celebrar tu boda en un estadio de fútbol, un zoológico, un campo de golf o un parque de atracciones. Hay empresas de *catering* que se encargan de diseñar el evento según vuestras necesidades y preferencias y el número de personas que acudirán. El resultado es un concepto totalmente distinto y único. Como son espacios multifuncionales, la ceremonia se puede celebrar en un rincón y el banquete en un espacio diáfano desde donde se pueda disfrutar de la idiosincrasia del lugar.

casinos y salas de juego

En esta categoría se encuentran no solo los casinos sino también las salas de juego, como los bingos, que además de no cesar sus actividades durante la boda, ofrecen diversas opciones de ocio para que los novios elijáis cómo desarrollar vuestra fiesta. Normalmente se suele organizar la cena en un salón apartado de la zona de ocio para finalizar en la misma o bien en su discoteca, donde estará la barra libre en cualquiera de las opciones que ponen a disposición de los clientes. Vuestros invitados pueden dispersarse y entrar en el *pub* para tomarse una copa mientras charlan con amigos, o bien ir a la discoteca a bailar. Entre tanto, pueden probar con el *black jack*, jugar un rato al póquer o participar en un bingo. Si tienen suerte se llevarán un dinero extra a casa.

palacios de congresos y exposiciones

Estos espacios cuentan con amplios jardines y zonas despejadas. La mayoría dispone de luz natural y aparcamiento para sus clientes. Puede ser una propuesta a tener en cuenta ya que tienen gran experiencia en la organización de eventos en general.

Palacio de Linares, Madrid.

a bordo de una embarcación

Hay empresas en algunas zonas costeras de España que se dedican a gestionar todo el evento en alguna embarcación de alto *standing*. El alquiler del buque incluye el *catering*, el mobiliario, la decoración, los camareros y el patrón del barco. Normalmente estos eventos se desarrollan en el puerto. Si queréis que la boda se celebre en alta mar el precio es un poco más caro. Sí que es posible, en algunos casos, que el buque salga a la mar y que ¡la boda transcurra durante la navegación!

Patio de Escuelas Menores, Salamanca.

oferta cultural

Algunos museos o teatros pueden alquilarse para celebrar un evento durante su temporada baja o bien en día de diario. Se pueden utilizar piezas de fácil montaje y desmontaje, estructuras habituales del teatro y de los desfiles de moda, para decorar y adaptar el espacio a la boda que siempre habéis soñado. La excelente acústica de estas salas os permitirá disfrutar de música en directo que amenice la velada. Además, tendréis disponibles diferentes zonas para separar el cóctel del banquete y de la ceremonia. También sorprenderéis a vuestros invitados si ofrecéis un *catering* original: si se trata de un teatro, podéis denominar a los platos con temas de ópera o títulos de obras dramáticas; si es un museo, puede ser una idea estupenda organizar un recorrido privado por el mismo para poder contemplar algunas de las obras expuestas. Estos circuitos se hacen siempre con un guía del propio museo que habrá que contratar con cierta antelación aparte del alquiler del espacio. Esta opción da una imagen dinámica de la boda que, sin duda, quedará grabada en el recuerdo de vuestros invitados.

cuatro CATERING Y ORGANIZACIÓN

A la hora de elegir un *catering*, además de tener en cuenta vuestras preferencias y presupuesto, es importante que consideréis las preferencias culinarias generales. Otras observaciones que deberéis tener en cuenta:

> El aperitivo o cóctel previo a la comida o cena tiene que facilitar la llegada de todos los comensales y abrir el apetito, por lo que ha de ser moderado en cuanto a cantidad: ni saciéis a los invitados antes de tiempo ni les deis una imagen de escasez. Suele durar entre treinta y sesenta minutos. Una vez finalizado, los invitados pasarán al comedor o al espacio reservado para el almuerzo o cena.

> Las bebidas han de ser variadas y sencillas.

> Las propuestas demasiado imaginativas, como por ejemplo la cocina oriental, algunos mariscos o la caza, se pueden integrar en el cóctel. Es mejor conformar los platos principales del banquete con propuestas más tradicionales.

> La prueba de menú debe acompañarse de los vinos elegidos para que el maridaje sea perfecto y transmita el sabor de forma idéntica a como será el día de la boda.

> Comed con los ojos. Fijaos en la forma de presentar los platos y pedid que sea exacta a vuestras sugerencias. Si las guarniciones no son de vuestro agrado, tratad de modificarlas con el consejo del *maître*.

> Preguntad y tomad notas. Es posible que la salsa del solomillo se pueda variar o que el postre, en vez de vainilla, pueda llevar helado. Cualquier cosa que se os ocurra puede ser una buena idea. El *catering* se adaptará a vuestros gustos sin problema.

el menú

Para elegir la opción más adecuada de menú, lo habitual es hacer con antelación una degustación de varios platos. Para conformar una buena carta tendréis que considerar estos aspectos:

> El plato de pescado irá antes de la carne, los entremeses de pescado y verdura se sirven primero que los de carne y los quesos suaves antes que los fuertes, de forma que los sabores más ligeros precedan a los más intensos.

> Los alimentos de cada plato no deben incluir la misma guarnición ni la misma salsa.

> El color de los platos debe variar.

> Los alimentos deben ser de temporada, según la estación del año en que se celebra el banquete, para disfrutar de sabores exquisitos.

> No es aconsejable escoger platos demasiado exóticos o propuestas demasiado arriesgadas, ya que es difícil que sean del gusto de la mayoría de los comensales.

GAZPACHO CON MARISCOS
***
SUPREMA DE LUBINA A LA MUSELINA DE
PIMIENTO VERDE Y TOMATE NATURAL

ROAST BEEF DE CEBÓN
CON PASTA FRESCA Y
FLAN DE VERDURAS

TARTA NUPCIAL *MILHOJAS* CON HELADO,
SOBRE SALSA DE NATILLAS Y
COULIS DE FRAMBUESA
O
ISLA DE CHOCOLATE CON HELADO,
SOBRE SALSA DE NATILLAS Y
COULIS DE FRAMBUESA
***
CAFÉ, LICORES Y *MIGNARDISES*

Algunas ideas interesantes que debéis tener en cuenta a la hora de coordinaros con el *catering* y que os pueden resultar muy útiles son:

> Si podéis, elegid cómo servir las mesas:

A la francesa: el comensal se sirve mientras los camareros sostienen las bandejas. Los invitados pueden elegir la porción y variedad que deseen.

Estilo de los Zares: los camareros sirven los platos, aunque el comensal elige si quiere más salsa, guarnición, etc.

Estilo Moderno: el chef monta y emplata todo en la cocina. Es el sistema más rápido, aunque el comensal no puede elegir la cantidad que desea ni la guarnición.

> Elegid la manera en que se indicará el protocolo y la colocación de las mesas. ¡Escoged una forma original de mostrarles dónde tendrán que sentarse y con quién disfrutarán del convite!

> Determinad si el *catering* se encargará de los centros de mesa y vedlos antes para elegir el más acorde a la celebración. En caso de que brinden la opción de que los novios podáis contratar vuestra floristería preferida, preguntad quién se encargará de colocar los centros. Lo natural es que lo haga la floristería contratada, no el *catering*.

> Estableced qué tipo de minutas se incluye y cuántas colocan en cada mesa. A veces poner una minuta por comensal quita espacio y da la sensación de mesa «ahogada».

> Preguntad si podéis elegir la vajilla, cristalería, cubertería, mantelería y las sillas. Si os ofrecen escoger según vuestro gusto y estilo, mejor que mejor.

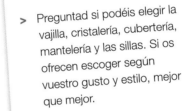

> Fijad el número de reuniones que tendréis con el *maître* para coordinar el evento. Quizá solo sean necesarias dos o tres, pero es posible que en una primera reunión simplemente configuréis el tipo de estructura, en otra os encarguéis del menú y en una tercera elijáis todo el menaje, mantelería, decoración, centros de flores, etc. Si es así, habrá que fijar una cuarta reunión con el sumiller y otra posterior con el decorador, en caso de que una empresa externa se encargue de la ornamentación. Esto ha de quedar claro desde el principio para que después no surjan problemas de disponibilidad; lo mejor será reservar en agenda los días acordados.
Estas reuniones son muy útiles para que la boda de vuestros sueños se celebre tal como queréis... ¡o mejor!

disposición de los novios e invitados

Lo correcto, desde el punto de vista protocolario, es que los novios lleguéis al lugar de la recepción en último lugar. Vuestros padres, padrinos y familiares más cercanos deberán acudir los primeros para recibir y atender a los invitados en vuestra ausencia.

En cuanto a la colocación, los novios (ella a la derecha) presiden la mesa principal o presidencial. Al lado de cada uno (en alternancia de sexos) se colocan los padrinos y sus correspondientes consortes si los tuvieran. En el caso de que los padrinos no fueran los padres, estos también se sentarán en la presidencia.

Los demás invitados, si la boda no tiene un carácter muy formal, se ordenarán según vuestras preferencias, sin más protocolo que el que marca la diplomacia. En la mesa 1 se sentará la familia directa de la novia; en la 2, la familia directa del novio; en la 4, 5 y cuantas sean necesarias irán los invitados menos directos de la novia; y en la 3, 6 y cuantas sean necesarias, los invitados menos directos del novio. Esta opción, que podría ser adecuada en el supuesto de presencia de autoridades, no es muy recomendable para el resto de los casos, pues normalmente puede ocurrir que amigos comunes del novio y la novia se sienten muy separados entre sí, o que amigos muy cercanos a la pareja estén demasiado alejados de la mesa presidencial.

Tenéis que tener en cuenta que los invitados no saben en qué mesa se deben sentar, por lo que debéis informarles de cuál será su sitio. Un sistema de paneles colocados en las proximidades de las puertas de acceso al comedor o al espacio destinado al banquete, os facilitará esta labor. Podéis confeccionar las listas de invitados por orden alfabético y situar, al lado de cada nombre, la mesa asignada.

Un banquete está compuesto de una mesa presidencial y varias destinadas a ubicar a los asistentes. Normalmente la mesa presidencial se sitúa al fondo del salón, de frente a los comensales y en el lado opuesto a la puerta de acceso para que los invitados no os vean de espaldas cuando entren.

Otra manera de colocar la mesa presidencial es justo en el centro del salón, de forma que os integréis entre los asistentes. Esta distribución no es muy usual y suele ser elegida en el caso de bodas con un gran número de invitados. En esto, como en todo, los novios sois los que decidís ya que, protocolariamente, podéis sustituir la distribución clásica por cualquier otra forma de colocación siempre y cuando los dos estéis en la misma mesa. Todo dependerá del tipo de salón, vuestras preferencias, el número de asistentes, el tipo de boda, etc.

salón tradicional

La mesa presidencial es rectangular y se coloca enfrente de los comensales. Las otras pueden ser redondas o rectangulares.

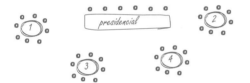

salón moderno

La integración de la mesa presidencial es absoluta, pues no da la impresión de diferenciarse del resto de mesas, aunque no se coloca en el centro del salón.

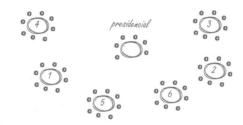

salón con diferentes tipos de mesa

Se alternan mesas rectangulares con redondas pero no se intercalarán ambos tipos. Si, por ejemplo, la mesa presidencial es redonda, a continuación se colocan las mesas redondas y después si sitúan las mesas rectangulares todas juntas. Este tipo de distribución se utiliza en bodas con muchos invitados.

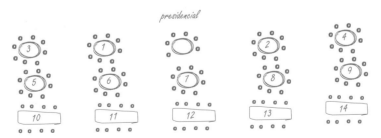

un pastel con estilo

Uno de los momentos más bonitos de la boda es cuando los novios se levantan de la mesa para saludar a sus invitados y compartir con ellos sus impresiones. Otro muy esperado es cuando cortan el pastel. Desde tiempos remotos la tarta de boda es particularmente significativa. Se ha asociado con matrimonio, fertilidad, dulzura, tiempos mejores...

La tradición del pastel nupcial nace, en España, durante la preparación de la boda de Alfonso XII. Los franceses, en plena época victoriana, fueron los que comenzaron la tradición de crear el pastel de varios pisos. Esta costumbre ha ido evolucionando según las modas y los países.

el corte

La novia, después del último plato, anuncia que los novios partirán el pastel. En caso de que haya orquesta, puede ser esta quien se encargue del anuncio. La novia coloca su mano derecha debajo de la del novio para sujetar la espada (o cuchillo) que cortará el pastel. Ella le da a comer un trozo a él y viceversa. Después se reparte: primero se sirve a los padres y a los suegros y después al resto de invitados.

diferentes tipos de pastel

El más clásico es el de nata, pero cobran adeptos el pastel de mantequilla, la tarta *Sacher*, la de mazapán y la *fondant* de chocolate (con chocolate derretido sobre un lecho de frutas o de helado). Además los *topping* o propuestas de decoración que se colocan en la cúspide de la tarta gustan cada vez más, pues consiguen una decoración espectacular y aportan una nueva mezcla de sabores. ¡En la variedad está el gusto!

[**tartas con encanto**]

Se han creado empresas de pastelería que se centran en el pastel de boda de «alta costura». Además de confeccionar una tarta deliciosa, estos pasteleros elaboran creaciones dignas de los diseñadores más prestigiosos.

Como normalmente el *catering* elegido para el banquete no está especializado en tartas y pastelería, lo ideal es que consultéis a una empresa dedicada a este tipo de productos. Estos artesanos son capaces de confeccionar creaciones inesperadas, de diferentes temas, según el gusto de los novios o algún aspecto concreto que identifique a la boda en sí.

el primer baile

El tipo de baile con el que los novios deben inaugurar la barra libre y el momento para hacerlo difieren según el tipo de celebración que los contrayentes quieran ofrecer. Son minutos muy emotivos y románticos, se trata del primer baile como marido y mujer.

Muchas parejas comienzan con el típico vals, aunque otras se decantan por un foxtrot, un tango, una salsa o incluso flamenco. Lo importante es que el tema elegido tenga especial significado para vosotros. Los novios debéis comenzar el baile y, pasado un rato, saldrán vuestros padres para acompañar e invitar a los asistentes a que se unan en la pista. Muchas parejas toman lecciones unas semanas antes del día de la boda, ya que quieren disfrutar de ese momento sin sentir pánico por ser el centro de todas las miradas. En estas escuelas consiguen que los novios bailen con gracia y confianza, una habilidad que conservarán para futuras ocasiones.

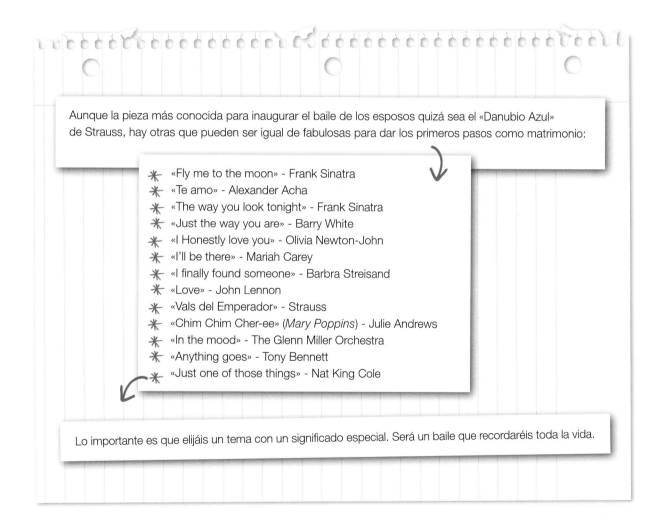

Aunque la pieza más conocida para inaugurar el baile de los esposos quizá sea el «Danubio Azul» de Strauss, hay otras que pueden ser igual de fabulosas para dar los primeros pasos como matrimonio:

✳ «Fly me to the moon» - Frank Sinatra
✳ «Te amo» - Alexander Acha
✳ «The way you look tonight» - Frank Sinatra
✳ «Just the way you are» - Barry White
✳ «I Honestly love you» - Olivia Newton-John
✳ «I'll be there» - Mariah Carey
✳ «I finally found someone» - Barbra Streisand
✳ «Love» - John Lennon
✳ «Vals del Emperador» - Strauss
✳ «Chim Chim Cher-ee» (*Mary Poppins*) - Julie Andrews
✳ «In the mood» - The Glenn Miller Orchestra
✳ «Anything goes» - Tony Bennett
✳ «Just one of those things» - Nat King Cole

Lo importante es que elijáis un tema con un significado especial. Será un baile que recordaréis toda la vida.

Recuerda:

1. Elegid el tipo de banquete que queréis ofrecer a vuestros invitados (cóctel, bufé, sentados) en función de vuestros gustos, el espacio destinado y el número de invitados.

2. Aparte de los tradicionales salones de boda, hoteles y fincas rústicas, hay otros espacios singulares y llenos de originalidad.

3. Para la elección del menú, lo aconsejable es elegir platos de temporada para no incrementar el precio del cubierto. Además os aseguráis de que la calidad de los ingredientes sea inmejorable.

4. En la planificación de una boda de fin de semana es vital que aviséis a vuestros invitados al menos ocho meses antes del evento para que se puedan organizar con tiempo suficiente.

5. A la hora de realizar la prueba del menú, pedid al catering la elaboración del maridaje con los vinos que ofreceréis el día de la boda.

6. Confeccionad vuestro menú con propuestas más tradicionales y elegid platos más exóticos para el cóctel.

7. Según la tradición, la misma noche de bodas se debe congelar un trozo de pastel para conmemorar el primer aniversario del enlace.

8. En vuestro primer baile como marido y mujer no olvidéis disfrutar de la letra del tema elegido, la recordaréis toda la vida.

notas y anécdotas para no olvidar:

ELIGE EL VESTIDO MÁS ADECUADO

> LA ELECCIÓN DEL VESTIDO DE NOVIA ES CAPÍTULO APARTE. ES UNA CUESTIÓN FUNDAMENTAL A LA QUE HAY QUE DEDICAR EL TIEMPO QUE SEA NECESARIO, SIN PRISAS, NI AGOBIOS. TENDRÁS QUE TENER MUY EN CUENTA TU ESTILO PERSONAL PARA ENFUNDARTE EN UN VESTIDO CON EL QUE TE SIENTAS CÓMODA Y TE VEAS FAVORECIDA. ASÍ QUE NO HAGAS MUCHO CASO A LAS ÚLTIMAS TENDENCIAS, SÉ FIEL A TUS GUSTOS HABITUALES Y, SOBRE TODO, ESCOGE EL VESTIDO QUE MÁS TE GUSTA Y, A LA VEZ, MEJOR TE SIENTA.

Hay quien tiene claro cómo desea que sea su vestido de novia y otras personas que, en cambio, se topan con la tarea de elegirlo sin tener la más remota idea de lo que quieren lucir. Sea como sea, lo mejor es que te pongas en manos de excelentes profesionales; solo ellos sabrán qué forma de vestido te sienta mejor, qué tipo de cuello, escote, mangas, cola y complementos es el más adecuado según tu estilo y el tipo de ceremonia que se celebrará. Elige muy bien a quienes deseas que te acompañen y asesoren, tendrán que ser personas muy sinceras y de absoluta confianza.

uno CONSIDERACIONES PREVIAS

«En los vestidos procurad, en cuanto os sea posible,
la sencillez y la modestia: ellos son el mejor realce
de la hermosura, y el disfraz de la fealdad».

San Francisco de Sales

Estás buscando el vestido más maravilloso del mundo para el día de tu boda pero... ¿cómo elegirlo correctamente? Como punto de partida debes considerar los siguientes aspectos:

1. ESTACIÓN Y HORA DEL DÍA:

algunos tejidos como los brocados, el terciopelo o los satenes son más apropiados en otoño o invierno mientras que el crepé, por ejemplo, es más adecuado para un clima cálido.

2. FORMALIDAD Y LUGAR DE CELEBRACIÓN (TIPO DE CEREMONIA):

un vestido suntuoso de cola larga puede resultar perfecto para casarte en una catedral un sábado por la tarde pero no ser el más adecuado para hacerlo en una vieja capilla con un ambiente campestre. Del mismo modo, unos tacones altos pueden resultar incómodos en ciertos lugares, como por ejemplo una playa, y llevar los hombros descubiertos está prohibido en una sinagoga. Si sabes de antemano que el novio irá vestido con traje de etiqueta, tu vestido debe reflejar la solemnidad que lleva implícita esta elección. En definitiva el vestido reflejará la formalidad de la boda y debe ir acorde al lugar de celebración, al traje del novio y a los invitados.

3. PRESUPUESTO:

es importante definir qué presupuesto tienes para el vestido y los complementos antes de iniciar la búsqueda. Piensa que el atuendo de una novia no solo está formado por el traje sino también por los zapatos, el velo y otros complementos. ¡Procura alejarte de las tentaciones que no te puedes permitir!

4. TIPOLOGÍA CORPORAL:

conoces perfectamente tu cuerpo, ahora debes buscar el vestido más adecuado para ti. Salvo que seas una de esas pocas personas que tienen un cuerpo perfecto, seguramente habrá algunas líneas, cortes, mangas, escotes, etc., que te favorezcan más que otros.

5. CUÁNDO EMPEZAR A BUSCAR:

de la larga lista de tareas a las que se enfrenta una novia, la adquisición de su vestido es, sin duda alguna, una de las más divertidas. Es una de las primeras cosas que tienes que hacer, pues si eres indecisa, buscas un diseño especial, quieres personalizar uno existente y/o hay que hacerle arreglos, necesitarás elegirlo con suficiente antelación. Lo más aconsejable es comprarlo de nueve meses a un año antes de la boda. Así que… no perdamos más tiempo y ¡vamos de compras!

[con las cuentas hechas]

Nunca te pruebes un vestido que te guste mucho y se salga notablemente de tu presupuesto. Si lo adquieres corres el riesgo de tener resentimiento o arrepentirte y… ¡así no es como debe sentirse una novia cuando se compra su vestido!; o puede ser que no te guste ningún otro una vez que te hayas probado el que crees que es el vestido de tus sueños.

¿por dónde empezamos?

Si no estás lo suficientemente segura del tipo de vestido que quieres, bien porque no hayas fantaseado con el día de tu boda desde el instituto, bien porque este es un campo por el momento desconocido para ti, ¡tranquila! nadie nace sabiendo. Con este libro te ayudaremos a encontrar el vestido perfecto para ti. Vamos a empezar por una adecuada planificación antes de salir en su búsqueda.

1. Haz un estudio de mercado antes de ir de compras: tómate tu tiempo para tratar de definir cómo lo quieres y qué no te gusta. Ojea y lee revistas y libros de novias, *blogs* de bodas, páginas web de diseñadores o casas de novias, y echa un vistazo a los *álbumes* de fotos de la boda de tus amigas o familiares.

2. Estudia los diferentes cortes, talles, escotes y complementos. Será más fluida la comunicación con el personal del salón de novias si sabes previamente lo que el mercado te puede ofrecer y comienzas a discernir lo que te gusta de lo que no te convence.

3. Toma nota de lo que más te gusta de los vestidos que has visto: su tejido, caída, forma o corte.

4. Haz una lista de establecimientos donde puedes adquirir un traje de novia: salones de novias, diseñadores, modistas, Internet, *outlets*, etc., y pide cita en aquellos donde sea preciso.

5. Decide si prefieres ir sola o que te acompañen. Si quieres que alguien vaya contigo, escoge bien a tu séquito: tu madre, hermana, mejor amiga, tu suegra… todas querrán ir contigo, es más, seguro que es incluso un gran honor acompañarte para la mayoría de ellas. Lo más importante es que te sientas muy cómoda con la compañía que elijas. Debe ser una persona que te conozca bien, sincera, honesta y que creas que puede ayudarte y aconsejarte en tu elección. Simplemente escoge a aquellas que te sean útiles en esta tarea y con las que intuyas que vas a pasar unos momentos divertidos.

6. Mirar bastidores de vestidos del mismo color puede ser abrumador. Así que no tengas prisa, tómatelo con calma y disfruta de la compra. Ten la mente abierta a nuevas ideas y siempre que la dependienta del salón te recomiende probarte algún traje hazlo, seguramente habrá visto antes complexiones como la tuya y sabrá cuáles son los vestidos que mejor te sientan. Insistimos, aunque nunca te hubieras planteado probarte un determinado vestido, si un profesional te lo aconseja: hazlo, ¡te sorprenderás!

7. Ten cuidado con los trajes de última tendencia por los que apuestan algunos diseñadores. Que se lleve o se venda mucho no significa que te vaya a quedar bien a ti.

[¿dónde buscar tu vestido?]

Si los vestidos que has visto resultan demasiado caros y tienes claro cómo lo quieres, encárgaselo a tu costurera de toda la vida. Recuerda que los bordados y pedrerías incrementan la factura. Otra opción es acudir a un *outlet* de firmas importantes, alquilarlo o elegir un diseño de fiesta en blanco que puedas amortizar si lo luces en futuras ocasiones.

8. No temas parecer pesada si quieres probarte cientos de vestidos. Si necesitas probarte muchos para encontrar el tuyo, hazlo. Tanto las dependientas como tu «cortejo de compañía» están allí para ayudarte a encontrarlo.

[para elegir tu vestido...]

1. Lee previamente artículos o libros específicos de novias para manejarte en la jerga específica de los trajes y complementos.
2. Lleva fotos y/o recortes de los vestidos que hayas visto en revistas o páginas web y más te hayan gustado.
3. Deja en casa la tarjeta de crédito la primera vez que te aventures a probarte el vestido.
4. En estas primeras tomas de contacto no lleves a todo tu séquito; ve sola o con una buena amiga, tu madre o alguna hermana que te aconsejen.
5. Lleva ropa y calzado cómodo, ropa interior adecuada y medias. Es importante que te pruebes el vestido con unos zapatos altos, pero descuida... seguro que la dependienta te prestará unos.
6. Toma nota y pon mucha atención a las primeras impresiones y, sobre todo, déjate aconsejar por profesionales.

9. Recuerda que el vestido deberá ir acorde a tu estilo, al tipo de boda que buscas y a tu tipología corporal, y no con las últimas tendencias que marquen las casas de moda nupcial.

10. El color ideal de tu vestido será aquel que más se adapte a tu fototipo (tono de piel, cabello y ojos).

dos UN VESTIDO ACORDE A TU ESTILO

El estilo no es solo la habilidad innata de comunicar tu propia personalidad a través de lo que llevas puesto sino también el toque personal que se refleja en todo lo que haces. Los estilos, como el lenguaje, son sistemas de signos y, al igual que este, representan algo y comunican. Hay muchos estilos pero vamos a analizar los más usuales, destacando sus rasgos más significativos.

CLÁSICO

Sus características se basan en el arte del período clásico griego, en el que primaban las proporciones corporales, la armonía de los colores naturales, así como las formas rectas o semientalladas.

VANGUARDISTA

Estilo adoptado por mujeres urbanas seguidoras de la moda y de las últimas tendencias. Las líneas de sus prendas son entalladas y ajustadas. Su uso es común entre los profesionales de la moda, el diseño, el arte, etc. Se contrapone al estilo clásico.

BOHEMIO

Las personas que siguen este estilo buscan la libertad y la creatividad, y utilizan prendas de líneas sueltas y volúmenes discretos. Lo buscan las mujeres que desean apartarse un poco de las normas y convenciones sociales.

MINIMALISTA

Es el estilo de aquellas personas que quieren pasar desapercibidas. Los vestidos de novia minimalistas se componen de líneas limpias y sin volúmenes. Se acompañan de escasos complementos.

RETRO

Gusta a aquellas mujeres que siguen la moda de épocas anteriores. No se limita a las prendas y complementos de una única etapa sino que generalmente combina lo mejor de varias. Se suelen utilizar piezas únicas, originales o antigüedades, prendas que llevaron nuestros antepasados y que, en ocasiones, poseen un gran valor sentimental.

ETÉREO

Si eres una mujer sofisticada que desea trasmitir cierto aire de misterio el día de su boda, busca un vestido vaporoso.

SEXY, FELINO, ATREVIDO, EXTRAVAGANTE

Este estilo femenino surgió con la fiebre consumista de los dorados años ochenta. Recientemente ha sido recuperado por aquellas mujeres que quieren llamar la atención resaltando sus mejores atributos. Suelen emplearse prendas transparentes, pieles, oro, bordados, rasos, sedas y satenes con formas insinuantes y estampados de animales salvajes. No debe lucirse en bodas muy conservadoras.

BUCÓLICO

Las mujeres que buscan en su boda evocar de modo idealizado la vida en el campo irán con un vestido de líneas sencillas y estilo pastoril.

ROMÁNTICO

Si eres una mujer sentimental y soñadora, este es tu estilo. Sus líneas serán muy femeninas y sus estampados o encajes tendrán motivos florales.

tres **UN VESTIDO ACORDE A TU FISONOMÍA**

La silueta femenina, de acuerdo a sus proporciones corporales, se puede clasificar en:

1. TRIÁNGULO INVERTIDO

Cuerpo atlético con líneas angulosas: hombros más anchos que las caderas, cintura poco definida, cadera poco marcada, poco pecho y glúteos planos. Es la típica silueta andrógina. Para mejorar el aspecto de esta silueta deberás equilibrarla con vestidos que suavicen las líneas superiores y acentúen las inferiores.

2. RECTÁNGULO

Cuerpo atlético con silueta longilínea de líneas rectas y angulosas. De frente, los hombros y las caderas tienen la misma anchura y el contorno de la cadera es un poco más ancho que la medida de la cintura. Es una silueta que, como la anterior, carece de redondeces, tiene poco pecho, glúteos planos y cintura poco definida. Esta silueta se corrige si buscas la forma de reloj de arena, es decir, si marcas una cintura inexistente con un vestido estructurado.

3. RELOJ DE ARENA

Es un cuerpo bien proporcionado de líneas sinuosas y curvilíneas, con hombros y caderas compensadas y cintura bien definida. Es, por definición, la silueta femenina ideal.

4. PERA

Es una silueta en la que los hombros son más estrechos que las caderas. El volumen se centra en la parte inferior: las caderas son anchas y los muslos redondeados. Si las caderas son muy anchas deberás buscar vestidos cuyo centro de atención sea la zona de los hombros.

5. MANZANA

Los hombros, las caderas y la cintura son redondeadas. Define un cuerpo de contornos suaves y líneas curvas que suele ir acompañado de pecho voluminoso, cintura ancha y tronco redondo. Las piernas y los brazos pueden ser delgados. Esta silueta ovalada se atenúa cuando, a través de las prendas, logramos darle una forma más estructurada que alargue el talle y suavice las redondeces.

tipos de vestido

Probablemente ya te habrás identificado con alguno de los tipos de silueta más comunes. Averiguar cuál es la forma del vestido más adecuada para ti no es ningún misterio, simplemente un juego de proporciones. Deberás centrar la atención en los puntos más bonitos de tu cuerpo para sacarles partido, mitigar las partes menos atractivas y, en la mayoría de los casos, estilizar tu silueta y estructurarla adecuadamente. Observa las formas más comunes que pueden tener los vestidos de novia y a qué tipologías corporales sientan mejor cada una de ellas:

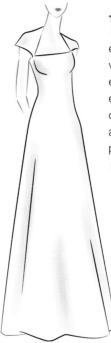

1. SILUETA EN «A»:

es la forma más clásica del vestido de novia. Podemos encontrarla sin tirantes o con ellos. Se trata de un modelo clásico, elegante y versátil. Se ajusta ligeramente en el pecho y en la cintura, desde donde el tejido cae de forma natural y sin entallar formado una letra «A». Sienta bien a la mayoría de las siluetas corporales. Jugar con los escotes y las mangas te ayudará a ocultar alguna posible parte problemática.

2. SILUETA DE CORTE SIRENA:

se ajusta al cuerpo en pecho, torso, caderas, nalgas y piernas hasta la rodilla, desde donde cae sin ajustar. Los escotes más populares para el estilo sirena son los de sin tirantes y sin mangas, pero se puede encontrar con casi cualquier tipo de escote y manga. Estos vestidos realmente acentúan las curvas, por lo que es muy importante usarlos con la ropa interior adecuada. Es la forma ideal para mujeres de talle corto, cuerpos bien estructurados (silueta reloj de arena), figuras corporales de triángulo invertido y para aquellas que busquen un estilo sexy y sofisticado. Deben evitar este corte las mujeres muy delgadas, aquellas sin formas corporales definidas (pecho-cintura-cadera-glúteos) y las más voluminosas, ya que marca fielmente toda la silueta.

3. SILUETA PRINCESA O BALÓN:

su cuerpo se ajusta a la cintura desde la que cae una amplia falda en forma de campana. Para alcanzar la amplitud deseada y mantener la forma de la falda suelen usarse varias capas de tejido o bien cancanes o crinolinas. Podemos encontrarlo con cualquier escote y le queda bien cualquier longitud de cola. Es un vestido acorde a diferentes tipos de boda, desde las más formales hasta una boda en la playa.

Es excelente para mujeres con silueta corporal en forma de pera ya que acentúa su cintura y oculta sus caderas y/o piernas, las partes más anchas de su cuerpo. Deben evitar este corte las mujeres bajitas, las de cintura ancha y las corpulentas. Como su forma tiende al círculo ensancha la figura y reduce ópticamente la estatura.

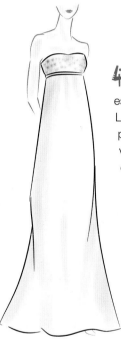

4. SILUETA IMPERIO:

es el típico corte helénico o griego. La cintura se eleva hasta debajo del pecho de forma que el tejido del vestido cae ligeramente desde este punto. Sienta bien a casi cualquier tipo de silueta corporal: a las tipologías manzana, pera y rectángulo, aunque no favorece especialmente a las mujeres con silueta reloj de arena. También favorece a las mujeres con pecho medio o prominente, cuello esbelto, bonito escote y a las mujeres de talle largo y/o piernas cortas o poco bonitas.

5. SILUETA COLUMNA:

el vestido con forma de columna sigue las curvas del cuerpo de pies a cabeza. Suele ir acompañado de una cola más corta que la de las anteriores siluetas y podemos encontrarlo con todo tipo de escotes y mangas. Es una gran opción para bodas íntimas o informales, así como para aquellas que se celebran en la playa o en el campo. Confeccionado en damasco o seda gruesa puede resultar más estructurado y marcar menos las curvas del cuerpo, sin embargo en satén o seda mostrará todas tus curvas. Favorece a mujeres con silueta corporal tipo reloj de arena o triángulo invertido y a mujeres altas y delgadas. También sienta bien a mujeres de poca estatura si no están muy gruesas. Deben evitar este corte las tipologías pera, manzana y rectángulo.

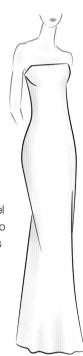

6. SILUETA BAILARINA:

la falda tiene un largo a media pierna y suele estar confeccionada en tejidos finos como la seda o el tul, reposando sobre varias capas de enaguas.
Está inspirado en los vestidos del *ballet* clásico. Es un estilo romántico y atrevido.
Favorece a mujeres de piernas bien estructuradas y talle largo. Deben evitar este modelo las tipologías tipo pera y manzana.

[¿estás embarazada?]

El corte imperio es uno de los que más te favorecerán, especialmente si tu estado de gestación está avanzado, ya que permite a la barriga acomodarse sin presiones y te ayuda a exhibir el exuberante pecho que te caracteriza en este período. Ten cuidado al escoger el tejido del vestido, debe ser fresco. Recuerda que embarazada tienes más calor por lo que debes evitar el satén, los rasos y brocados (también te aportan más volumen), y las mangas largas. Te aconsejamos que esperes todo lo que puedas para comprártelo ya que el cuerpo cambia enormemente en pocas semanas, así que ve a por él cuando el gran día esté cerca.

el color

Las personas tenemos un tipo de coloración determinado. El tono de piel, ojos y pelo definen a qué fototipo pertenecemos y, por tanto, qué colores nos favorecen. Pon atención a los fototipos más comunes y su relación con el blanco, marfil, *beige*, champán y rosa pálido, los colores más habituales en los vestidos de novia.

• TIPOLOGÍA A (OTOÑO)

Su piel es color marfil, melocotón, *beige* dorado o negra (dorada); su cabello es castaño dorado, rubio dorado o pelirrojo; y el color de sus ojos varía desde el castaño oscuro o claro dorado hasta el verde pálido, oliva o el azul con matices turquesas o aguamarina. Si perteneces a esta tipología estarás radiante con los matices dorados y tostados.

> Te favorecen el marfil, el blanco perla, el *beige* dorado y terroso, el melocotón, y cualquier tonalidad dorada o achampanada.

> Evita el blanco puro y el rosado.

• TIPOLOGÍA B (PRIMAVERA)

Su piel es color marfil (puede tener pecas doradas), melocotón rosado o *beige* dorado; su cabello puede ser rubio claro o dorado, gris dorado, pelirrojo claro o castaño dorado; y sus ojos son azul claro o aguamarina, ámbar o verde pálido. Si tienes una tipología B te favorecen los colores claros y delicados con cálidas sugerencias florales.

> Te sientan bien el marfil, crema o agrisado, el *beige* claro, el salmón, el rosa melocotón, y cualquier tonalidad dorada o achampanada pero en sus tonalidades más brillantes.

> Evita el blanco puro y los tonos oscuros y apagados.

• TIPOLOGÍA C (INVIERNO)

Su piel es color *beige* topo o rosada, muy blanca, olivácea, o negra (con sugerencias azuladas); su cabello es negro, blanco, castaño, gris plata o rubio (tonalidad blanquecina); y sus ojos son castaño claro, dorado o negro, azul o verde agrisados u oscuros. Si posees la tipología C resplandeces con los colores primarios, los más puros y los más helados.

> Eres la única que luce con éxito el blanco puro. Puede favorecerte también una tonalidad rosa pastel con ligera tendencia azulada.

> Debes evitar los tonos *beige*, dorados y achampanados.

• TIPOLOGÍA D (VERANO)

Su piel es color *beige* pálido o rosado; su cabello va desde el rubio platino o ceniza hasta el castaño oscuro o claro o el gris azulado; y sus ojos son azul claro o agrisado, castaño dorado claro, verde agrisado o aguamarina. Si perteneces a la tipología D te iluminas con los tonos pastel y con sugerencias de azul suave.

> Te favorecen los *beige* rosados y los colores crema y marfil.

> Debes evitar el blanco puro y las insinuaciones doradas.

[más allá del blanco]

Si te aburren las tonalidades blancas o marfil, en el mercado también puedes encontrar vestidos rosas, azul pálido, grises o color oro, entre otros. Puedes aprovechar y en tu vestido marfil poner un lazo del color que más te gusta y/o favorece. Otra opción es no vestirse con el clásico vestido de novia: mujeres como Lauren Bacall, Marilyn Monroe o Mia Farrow estaban guapísimas con pantalones el día de su boda.

el escote

1. ESCOTE REDONDO O EN CAJA.

Escote ajustado al cuello. Es el más común para adaptar cuellos cerrados.

✓ **¿A quién favorece?:** a mujeres con rostros delgados y afilados y a mujeres con pechos pequeños.

✗ **¿A quién no le sienta tan bien?:** a mujeres con pechos voluminosos y cuello redondo y/o corto, ya que aporta volumen.

2. ESCOTE EN PICO O EN «V».

La caída del escote por la parte delantera, y a veces por la espalda, forma una «V». Los escotes con líneas rectas aportan esbeltez.

✓ **¿A quién favorece?:** a personas con cuello corto y/o ancho, mandíbula cuadrada o senos muy voluminosos.

✗ **¿A quién no le sienta tan bien?:** a mujeres con rostros alargados y barbilla puntiaguda. Si el pico es muy pronunciado, es mejor que no lo elijan las mujeres con pechos pequeños.

4. ESCOTE OVALADO.

Aporta esbeltez y no suele repetirse en la espalda, salvo excepciones en diseños de fantasía.

✓ **¿A quién favorece?:** a mujeres con hombros estrechos o cuello corto.

✗ **¿A quién no le sienta tan bien?:** a mujeres con cuello u hombros anchos.

3. ESCOTE CUADRADO.

Tiene forma de rectángulo en la parte inferior y la caída del escote forma una «U». En general, los escotes cuadrados aportan amplitud a los hombros y acentúan la mandíbula cuadrada. Este tipo de escote suele ir haciendo juego en la espalda y delantero. Sus variantes más comunes son el cuadrado profundo y el cuadrado de tirantes.

✓ **¿A quién favorece?:** a personas con cuello largo o con hombros estrechos.

✗ **¿A quién no le sienta tan bien?:** a mujeres con hombros anchos o demasiado estructurados o con mandíbulas muy angulosas.

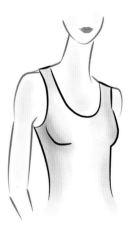

5. ESCOTE BARCO.

Es un escote ovalado profundo.
Va de hombro a hombro por
delante y por detrás.

✔ **¿A quién favorece?:** a la
mayoría de las facciones
excepto a las mujeres
que poseen una
mandíbula ancha y
marcada. Produce el
efecto óptico de alargar
el cuello y ensanchar
los hombros, por lo que
favorece a personas con
hombros estrechos, pero
no se recomienda si estos están caídos.
Con este tipo de escote también están
estupendas las mujeres con pechos
voluminosos.

✘ **¿A quién no le sienta tan bien?:** si son
cerrados, a mujeres con cuello ancho y
corto.

6. ESCOTE AMERICANO O *HALTER*.

Es más informal. Las tiras se
colocan alrededor de la parte
posterior del cuello. Puede ser
más o menos profundo e ir
haciendo juego en la
espalda.

✔ **¿A quién favorece?:** a
mujeres con hombros
estrechos, ya que los
resalta y endurece la
silueta, y a mujeres
con senos
voluminosos.

✘ **¿A quién no le sienta
tan bien?:** a mujeres con
los hombros anchos.

7. ESCOTE CRUZADO.

Cruza formando un pico. Hay versiones más o menos profundas.

✔ **¿A quién favorece?**: a personas con un tórax ancho o con pecho voluminoso.

✗ **¿A quién no le sienta tan bien?**: a mujeres con poco pecho y de talle muy estrecho.

8. ESCOTE CORAZÓN.

Termina en un leve pico formando un corazón. Aporta esbeltez.

✔ **¿A quién favorece?**: a personas con poco pecho y/o caído.

✗ **¿A quién no le sienta tan bien?**: como regla general se considera un escote favorecedor.

9. ESCOTE *BALCONETTE*.

Es un escote sensual y estructurado.

✔ **¿A quién favorece?**: a personas con poco pecho o estrechas de hombros.

✗ **¿A quién no le sienta tan bien?**: a mujeres de pechos voluminosos u hombros anchos.

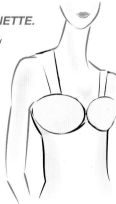

10. ESCOTE PALABRA DE HONOR.

Sin tirantes, deja al descubierto los hombros.

✓ **¿A quién favorece?**: a personas con hombros anchos y redondeados, o con brazos delgados.

✗ **¿A quién no le sienta tan bien?**: a mujeres con pechos pequeños.

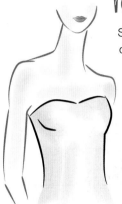

11. ESCOTE SOBRE LOS HOMBROS O DE HOMBROS CAÍDOS.

Cae debajo de los hombros para mostrar la clavícula y los hombros. Suele llevar unas pequeñas mangas que cubren la parte superior del brazo.

✓ **¿A quién favorece?**: a la silueta corporal tipo pera, ya que es un buen contrapunto para disimular unas caderas anchas, y a las mujeres con poco pecho. Se recomienda también a las mujeres de cuello corto.

✗ **¿A quién no le sienta tan bien?**: a mujeres con hombros anchos o brazos gruesos.

12. ESCOTE JOYA.

También conocido como la línea del cuello camiseta, debido a su similitud con esta prenda de vestir. Es redondo y se asienta en la base de la garganta.

✓ **¿A quién favorece?**: a mujeres con el pecho pequeño y el tórax fino.

✗ **¿A quién no le sienta tan bien?** a mujeres con pechos voluminosos y talle ancho.

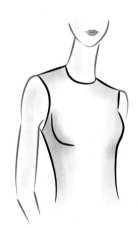

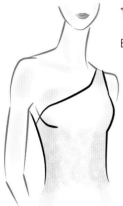

13. ESCOTE ASIMÉTRICO.

Es una opción sofisticada.

✓ **¿A quién favorece?:** a las que quieren disimular una espalda ancha y a mujeres con poco pecho y hombros anchos.

✗ **¿A quién no le sienta tan bien?:** la verdad es que favorece a casi todas las figuras.

14. CUELLO ALTO O DE CISNE.

Llega hasta la parte más alta del cuello y no lleva escote. Es muy formal y recomendable para días de frío.

✓ **¿A quién favorece?:** a mujeres con cuello largo y estrecho. Debe usarse preferiblemente con el cabello recogido y sin accesorios en el cuello.

✗ **¿A quién no le sienta tan bien?:** a mujeres con el cuello corto y/o ancho y rostro muy redondeado.

[ensayo general] Cuando te hayas decidido por un vestido y vayas a la segunda prueba no olvides llevar la ropa interior y los zapatos que llevarás el día de la boda. Conviene hacer los arreglos pertinentes de ajustes y largos teniendo en cuenta estos complementos.

las mangas

Influyen enormemente en la apariencia general de un vestido de novia y pueden tener mayor impacto del que piensas. Aquí tienes las más comunes:

Manga sastre:

es larga, cálida y perfecta por su caída. Gracias a su corte y a que lleva dos costuras, puede modelar más fácilmente la anatomía del brazo. Es ideal para aquella mujer que desee ocultar sus brazos.

Manga camisera:

termina a mitad de camino entre el codo y el hombro. Es un diseño muy simple y cómodo si buscas un poco de encubrimiento.

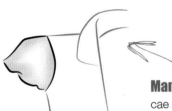

Manga pañuelo:

cae desde el hombro, sin costuras. Se trata de una manga corta y redondeada que limita la parte superior del brazo dejando el resto del hombro semidescubierto. Ideal para mujeres con los brazos muy delgados y los hombros pequeños y bien tonificados.

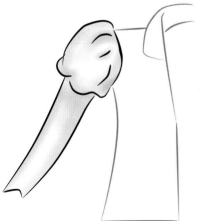

Manga Julieta:

es una manga fruncida y abullonada a la altura de los hombros desde donde se estrecha hasta la muñeca. Favorece a mujeres con hombros caídos y estrechos y de antebrazo fino.

Manga ranglan:

ofrece el efecto óptico de unos hombros caídos por lo que es una buena opción para aquellas mujeres con hombros anchos y cuadrados. Es poco común en trajes de novia.

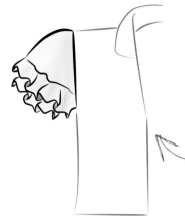

Manga con volantes:

es una manga montada formada por volantes y pliegues. Aporta volumen, por lo que no favorece a mujeres con brazos gruesos.

Manga pétalo o tulipán:

es una manga bonita y sutil. Es corta y cruza sobre la parte superior del brazo. Ideal para cualquier tipo de brazo. Sienta bien en vestidos de diseño sencillo y moderno.

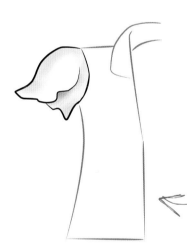

Manga tres cuartos o francesa:

finaliza a la altura del codo. Es clásica y elegante. Aporta esbeltez y produce el efecto óptico de alargar los brazos. Favorece a personas con brazos cortos y anchos. No sienta tan bien a personas con los brazos muy delgados.

Manga pegada:

es ajustada desde el hombro hasta el puño. Estiliza el brazo si este no es muy grueso.

Manga pierna de cordero o jamón:

en su parte superior es abullonada como un globo y se va estrechando para ajustarse en la muñeca. Favorece a mujeres de hombros estrechos y caídos y/o con senos poco voluminosos.

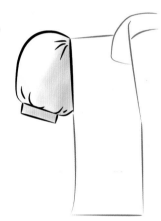

Manga farol:

es redonda y ancha desde arriba. Es una manga fruncida y abullonada pero corta. Favorece a los hombros caídos y estrechos.

Manga larga ilusión:

es una manga larga confeccionada en un tejido semitransparente como, por ejemplo, el encaje. No es recomendable para brazos anchos.

[la manga perfecta]

No debes determinar el tipo de manga ni por la estación en la que te encuentres ni por la moda imperante. Debes buscar la más adecuada a tu tipología corporal, aquella que te resulte cómoda para bailar, lanzar tu ramo de novia... ¡y que no te haga pasar más calor de la cuenta!

Manga balón recogida en puño:

es ancha desde el hombro hasta la muñeca. Aporta redondez a los hombros y volumen en general.

Manga campana:

es desestructurada y nos recuerda a las mangas medievales. La campana es estrecha en el hombro y brazo y se ensancha después del codo a lo largo del antebrazo. Favorece a los brazos cortos.

Sin mangas:

es una opción solo recomendada para mujeres con brazos bien tonificados.

Manga quimono o japonesa:

es una manga ancha que cae libremente y sin volumen desde los hombros y se estrecha en las muñecas. Favorece a personas de hombros cuadrados.

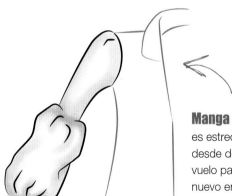

Manga poeta:

es estrecha hasta el codo, desde donde continúa con vuelo para estrecharse de nuevo en la muñeca. Va bien con vestidos vaporosos.

la cola

Con frecuencia, la longitud de la cola determinará, bien por tus gustos o por el estilismo, la formalidad de la boda. Si no deseas la misma largura de cola a lo largo de todo el evento puedes considerar las siguientes opciones: una cola desmontable, un sistema de sujeción por medio de trabillas o botones que la unan al vestido o una especie de lacito en la mano que te permita moverte con facilidad en el banquete y bailar cómodamente en la fiesta posterior. Elige siempre el largo de la cola según tu gusto personal y el estilo de la ceremonia. Echa un vistazo a algunos tipos de cola:

Barrido: es una cola corta que barre ligeramente el suelo, apenas arrastra al caminar y simplemente añade volumen a la parte posterior de tu vestido. Es versátil y se puede lucir en todo tipo de ceremonias, desde una celebración en un jardín en primavera hasta en una iglesia en pleno otoño. Proporciona la elegancia de una cola sin llevar demasiada tela arrastrada.

De Corte:

ligeramente más larga que la anterior, se extiende aproximadamente un metro por detrás desde la parte baja de la cintura. Este tipo de cola también se puede usar en la mayoría de ceremonias aunque puede ser un poco engorrosa en bodas al aire libre celebradas en jardines o en la playa.

Capilla:

no tiene la grandeza de las colas más largas pero impresiona a primera vista. Tiene una longitud intermedia entre la de Barrido y la de Corte y es tan formal como las de tipo Catedral y Real. Se extiende cerca de un metro y medio desde la cintura.

[lecciones aceleradas] Lleva a tu dama de honor, o a la persona que te ayudará durante la ceremonia, a la última prueba del vestido para que allí las dependientas le enseñen cómo debe colocarte la cola en el altar o durante la sesión de fotografías y cómo ayudarte a recogerla o retirarla en el banquete o durante el baile.

Catedral:

es perfecta si tu estilo es muy formal y tradicional, y quieres que todos los ojos se fijen en ti mientras caminas por el pasillo hacia el altar. Esta cola se extiende aproximadamente dos metros desde la cintura, por lo que necesitarás ayuda para mantenerla en orden, en especial durante la ceremonia y la sesión de fotos. Es la más apropiada para bodas formales y celebradas en grandes iglesias, ya que necesita mucho espacio para lucirse en todo su esplendor. Si es semicatedral la cola se extiende la mitad, aproximadamente un metro.

Sirena:

es una cola sofisticada, que cae desde la parte trasera de la rodilla. Es la cola característica del modelo de vestido tipo sirena.

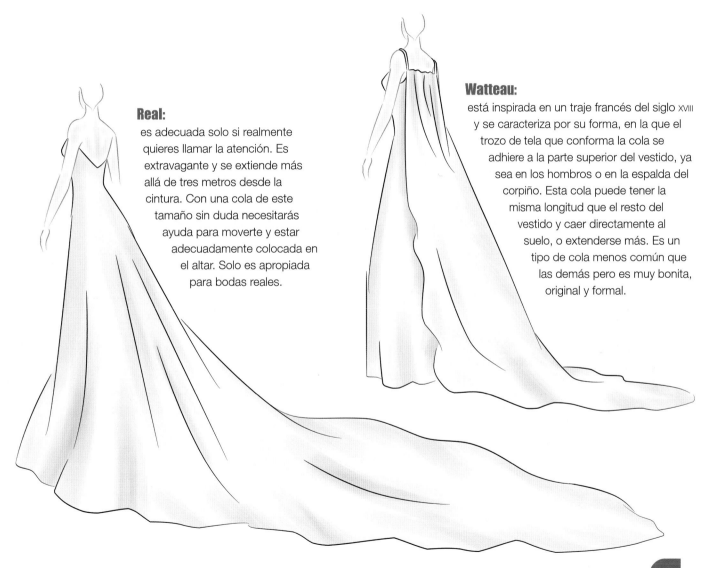

Real:

es adecuada solo si realmente quieres llamar la atención. Es extravagante y se extiende más allá de tres metros desde la cintura. Con una cola de este tamaño sin duda necesitarás ayuda para moverte y estar adecuadamente colocada en el altar. Solo es apropiada para bodas reales.

Watteau:

está inspirada en un traje francés del siglo XVIII y se caracteriza por su forma, en la que el trozo de tela que conforma la cola se adhiere a la parte superior del vestido, ya sea en los hombros o en la espalda del corpiño. Esta cola puede tener la misma longitud que el resto del vestido y caer directamente al suelo, o extenderse más. Es un tipo de cola menos común que las demás pero es muy bonita, original y formal.

los tejidos

Pon atención a algunos de los tejidos más habituales:

> Brocado: tela de seda entretejida con oro o plata, en la que el metal forma flores o dibujos en la cara superior.

> Encaje: tejido delicado realizado al tejer o trenzar hilos de seda, algodón o lino formando dibujos. Puede realizarse a máquina o a mano (con bolillos, aguja o ambas técnicas). Se utiliza como adorno, en la confección de puntillas de trajes de novia, o en velos o mantillas. También los hay con cintas y con aplicaciones de pedrería, perlas o cristal. El de *Chantilly* es un encaje de bolillos delicado de pergaminos y flores sobre un fondo de malla suave, a menudo con bordes ondulados. Se emplea para la confección de corpiños y mangas.

> Muaré: tejido caracterizado por sus reflejos de aguas visibles a contraluz. Estos reflejos son el resultado de la aplicación de un cilindro de cobre grabado sobre una tela de seda.

> Guipur: dibujo bordado sobre un tejido de basamento muy fino que se elimina para dar paso a una puntilla bordada.

> Gasa: tejido transparente y muy ligero fabricado generalmente en seda natural. También se encuentra confeccionado con fibras artificiales, lo que se denomina gasa sintética. Se recomienda usarla con ropa interior del mismo tono.

> **Piel de ángel:** es un tejido muy suave de seda, similar al raso aunque más flexible y con menos brillo.

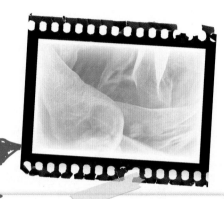

> **Organza:** es un entramado de hilos finos de seda que forman una delicada textura. Puede ser de algodón, de seda o de lino. Es un tejido transparente y ligero. Una de sus mejores cualidades es el colorido, ya que se puede encontrar en una gama amplísima, dentro de la que resultan especialmente logrados los tonos tornasolados. Se le pueden bordar figuras, principalmente flores. Algunas tienen calado. Esta tela se puede utilizar para talle y mangas. La organza satinada es de seda espesa, muy tupida. También hay organza en *mikado* y organza ricamente bordada.

> **Seda:** es una fibra que procede del capullo del gusano de seda (*Bómbix mori*). Se usa en trajes de fiesta, lencería de lujo, trajes de novia, corbatas, chales, blusas y faldas, entre otros. Existe también la seda salvaje, que se obtiene de otra especie de gusano. Los tejidos de seda más habituales son el crepé de China, la organza, el *twill*, el *mikado* y la seda salvaje. La seda artificial es el rayón. Tiene gran cuerpo.

> Tafetán: es una tela de seda lisa, delgada y muy tupida. Excelente para faldas en línea «A». Se trata de un tejido resistente y fino de seda natural o artificial, con brillo y efectos tornasolados. Es muy delicado y se debe entretelar.

> Tul: tela de origen francés hecha habitualmente con seda, algodón o fibras artificiales. Se caracteriza por ser muy vaporoso, transparente, fino y etéreo. Es el tejido por excelencia de los velos de novia y las faldas vaporosas.

[telas que traspiran] La hiperhidrosis es una enfermedad que produce una excesiva sudoración. Las personas con este problema deben evitar el uso de tejidos acrílicos o de poliéster, ya que producen una mala traspiración del sudor y, por consiguiente, un mal olor corporal.

criterios para la selección de tejidos en función de tu figura

El peso, el grosor, la textura y el color de los tejidos pueden, desde el punto de vista óptico, potenciar tus virtudes corporales o sacar a relucir posibles asimetrías.

> El peso y la caída de un tejido condicionan su linealidad y movimiento. Los tejidos más gruesos aportan volumen a la prenda y, por consiguiente, al cuerpo.

> Los tejidos que por su acabado o textura aportan volumen son los brocados, el encaje y el terciopelo.

> Los tejidos de color oscuro estilizan, y los de colores claros aportan volumen.

> Los estampados de rayas verticales o espiga aportan esbeltez y altura. Los florales, de lunares, de cuadros, las rayas horizontales o el dibujo de pata de gallo aportan volumen.

> Los tejidos lisos estilizan, mientras que los estampados en general crean una impresión de mayor volumen.

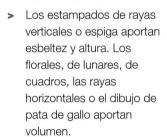

cuatro **Y EN TIEMPOS DE CRISIS… ¡LA OPCIÓN DEL ALQUILER!**

Los vestidos de novia son prendas elaboradas con los mejores tejidos y mediante procesos de confección de mucha calidad, lo que se traduce en un precio muy superior al de cualquier otra prenda de ropa. Este coste, además, se incrementará considerablemente en función de la firma que los haya diseñado. Esto es extensible también a los complementos: zapatos, velo, torera… No hay duda de que el sueño de muchas novias es estrenar su propio vestido, sin embargo algunas no disponen del presupuesto adecuado para comprarlo y deciden alquilar el vestido que lucirán en su gran día.

El alquiler del vestido incluye, además del precio, un coste por su limpieza, otro por los arreglos necesarios, y un pequeño seguro por si surgiera cualquier problema. En general, alquilar un vestido supone un ahorro de hasta el 60% dependiendo del modelo que elijas. Los más caros suelen ser los vestidos de las colecciones de la temporada vigente.

Alquilar el vestido de novia también es la mejor opción para todas aquellas personas que creen que, por sostenibilidad y ecología, no tiene sentido comprar prendas que luego no van a utilizar.

En el mercado existen básicamente dos opciones:

a) El alquiler de estreno: tu vestido de novia se confecciona a tu estilo y gusto. Esta modalidad implica que debes devolver el vestido a la tienda, es decir, que no es de tu propiedad. Pero el vestido lo estrenas tú, ya que este ha sido confeccionado de manera personalizada para ti.

b) El alquiler de segundo estreno: es una opción aún más económica. Eliges tu vestido de entre un *stock* de trajes ya usados. Deberás revisarlo bien para comprobar que esté libre de manchas o imperfecciones que no se puedan arreglar.

Si decides finalmente alquilar tu vestido de novia aquí tienes algunos consejos:

> **Dónde:** escoge un local de alquiler con buena reputación. Es importante que vayas a una tienda de confianza y especializada, porque tendrán muchos más modelos y evitarás sorpresas. Las mejores se caracterizan por tener una gran variedad de modelos y opciones, y por brindarte la oportunidad de arreglar el vestido que elijas, modificarlo o hacerle las adaptaciones necesarias para ajustarlo a tu estilo y adecuarlo a tu figura.

> **Prueba:** lo más importante a la hora de elegir un vestido de novia de alquiler es probarte los modelos que más te gusten y elegir el que mejor te siente, sacrificando quizá el que más te guste.

> **Adáptalo:** haz que adapten el vestido perfectamente a tu figura.

> **Revísalo:** una vez que tengas decidido el vestido, revísalo bien. Es muy importante que te asegures de que, hasta la última costura, está en perfectas condiciones para evitar sustos el día de la boda.

> **Cuándo:** realiza tu alquiler con tiempo. Resérvalo por lo menos tres meses antes.

> **¿Qué más puedes alquilar?:** muchas casas especializadas brindan adicionalmente el servicio de alquiler de accesorios como tiaras, cancán, fajas, corsé, velo, guantes, etc. Es mucho mejor adquirir un paquete completo, resulta más cómodo y económico.

> **Custodia:** procura no llevarte el vestido alquilado a tu casa. Recuerda que es mejor que la tienda lo guarde para evitar que se estropee. En casa es difícil encontrar un lugar adecuado donde quede bien colgado.

> **Última prueba:** no olvides que las novias generalmente bajan de peso incluso en la última semana.

Recuerda:

1. Como punto de partida en la adquisición de un traje de novia debes considerar los siguientes aspectos: la estación y hora del día en que está prevista la celebración de la boda, la formalidad de la misma y el lugar de celebración, el presupuesto que tienes asignado y el tiempo necesario para que el vestido esté a punto el gran día.

2. Planifica la compra antes de salir a la búsqueda del vestido: haz un estudio previo del mercado, estudia los diferentes cortes, talles, escotes y complementos y toma nota de qué es lo que más te gusta. Selecciona establecimientos y escoge bien a las personas que te acompañarán.

3. Huye de las últimas tendencias por las que apuestan algunos diseñadores. Busca el escote, las mangas, la cola y el tejido que más se adapten a tu fisonomía corporal y al color de tu piel, cabello y ojos.

4. Pruébate cuantos necesites hasta que… ¡encuentres el vestido de tus sueños!

5. No olvides el estilo personal que te identifica cuando busques tu vestido.

6. Si el vestido de novia y sus complementos te resultan caros, valora la opción del alquiler.

notas y anécdotas para no olvidar:

CALZADO Y
COMPLEMENTOS

> Una novia no solo está radiante por el vestido que escoge para su gran día, sino por el conjunto final que aporta a su atuendo tanto el velo, como los zapatos y los complementos que elija para adornar su cabello, protegerse del frío o mitigar el calor. La elección de los pequeños detalles que complementarán al traje debe hacerse con discreción y prudencia, pues no se trata de ponerte todo lo que te resulte bonito, sino de optar por un toque especial, según tu propio estilo, que hará que dejes huella en la memoria de los invitados.

UNA vez decidido el vestido que lucirás el día de tu boda, debes buscar los zapatos que llevarás y todos los demás complementos, incluida la ropa interior. No debes dejar estos pequeños detalles para última hora, entre otros motivos porque es importante que a partir de la segunda prueba del traje lleves contigo todo lo que lucirás ese día. No solo te servirá para poder ver cómo te sienta el conjunto final, o para meter el bajo del vestido a la altura de los zapatos elegidos, sino para hacer pequeños ensayos de cómo debes colocarte y quitarte el velo, recoger la cola del vestido con algún imperdible, o ponerte adecuadamente el tocado para que no se termine cayendo.

uno **CALZADO**

«La modestia es el complemento de la sabiduría».
Bernard Le Bouvier de Fontenelle

No pienses que porque tu vestido sea largo tus zapatos serán invisibles, ¡no lo son! En realidad tus pies se verán a cada momento: entrando y saliendo del coche, caminando por el pasillo hacia el altar, durante vuestro primer baile. Un par de zapatos mal escogido puede arruinar tu imagen final, sin embargo si aciertas con tu elección tu aspecto será inmejorable. Estar guapa el día de tu boda no implica que estés incómoda. Piensa que será un día largo y en el que tendrás que estar muchas horas de pie, en la ceremonia y atendiendo a tus invitados. Eso sin olvidar que tienes que pasártelo muy bien, sin que nada te obligue a dejar de bailar y disfrutar de tu gran día…
¡mucho menos unos incómodos zapatos!

algunos consejos que te vendrán bien

1. No calces los zapatos recién sacados de la caja, úsalos en casa antes del gran día. Si lo haces al menos dos semanas antes evitarás que te molesten en la boda. Entrenar tus pies ayudará a que tus tobillos desarrollen la fuerza que necesitan para caminar con seguridad y gracia.

2. Pruébatelos con el vestido al menos en las dos últimas pruebas. Es importante que el vestido ni arrastre ni quede corto.

3. Compra los zapatos de tu talla para que se adapten a la perfección y de manera natural. Solo si se te suelen hinchar los pies a lo largo del día cómpratelos al menos medio número más del que calzas habitualmente. Pero pruébatelos bien y asegúrate de que te resultan cómodos para caminar, no vaya a ser que dejes los zapatos tras de ti.

4. Utiliza almohadillas en aquellas zonas donde te aprieten o creas que, después de tantas horas, puedan hacerte daño. En sandalias te resultarán muy útiles si las pones en su parte delantera y en los zapatos cerrados si las sitúas en las taloneras.

5. Si puedes comprar unos zapatos que luego puedas aprovechar, ¡mucho mejor! Si son de corte sencillo y atemporal podrás utilizarlos en otras ocasiones después de la boda. Apuesta por un modelo de zapato que puedas reutilizar, en colores neutros y tejidos que se puedan teñir.

6. Si habitualmente no usas zapatos de tacón puedes optar por unos zapatos con plataformas; ganarás altura y comodidad. Recuerda que para caminar con tacones cómodamente y con estilo debes practicar antes.

7. Por último y aunque pueda parecer un poco extraño, es muy práctico disponer de un par de zapatos extra, más bajos y cómodos.

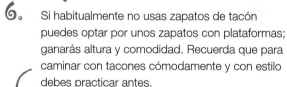

no olvides que...

1. Un vestido de línea sencilla puede ir acompañado de unos zapatos con detalles, como lazos, pedrerías, encajes o puntillas. Por el contrario, si el vestido es más recargado o bien su tejido es muy suntuoso, los zapatos deberían ser algo más discretos.

2. El material de los zapatos no tiene por qué casar perfectamente con el tejido del vestido, ¡busca una combinación armoniosa!

3. La comodidad es clave. Si tienes pensado bailar toda la noche echa un vistazo a los modelos de zapatos de baile profesional; son extremadamente ligeros y flexibles.

 4. Debes mantener una postura erguida y relajada de manera que tu cuerpo se mueva de forma natural. No renuncies a la altura siempre y cuando sepas caminar con gracia con unos buenos tacones.
Si caminas tensa, tus movimientos serán más parecidos a los de un robot que a los de una mujer.

[¡cuidado con los resbalones!] Los zapatos de novia deben ser compatibles con la superficie del suelo. Si es duro y resbaladizo, usa papel de lija para raspar las suelas del zapato. También puedes caminar por el exterior para conseguir un efecto similar o añadir almohadillas autoadhesivas para mayor agarre. Otra opción es adquirir en la farmacia unas plantillas fabricadas con gel transparente; son ultrafinas y discretas, antideslizantes, lavables y reutilizables.

dos **COMPLEMENTOS**

velo

El velo de la novia se usó en la antigüedad con el objetivo de protegerla de los malos espíritus y posteriormente simbolizó su virginidad. En otras culturas, donde los matrimonios eran concertados por las familias, el velo se llevaba para ocultar el rostro de la novia a un novio que jamás lo había visto, y solo se descubría después de la celebración de la ceremonia. Hoy el velo corona la imagen final de una novia. Su elección debe adaptarse a la personalidad y estilo de cada una.

TIPOS DE VELO

1. CORTO:

Es un tipo de velo tradicional. Cubre la cara de la novia cuando entra a la iglesia y durante la ceremonia; después se pone hacia atrás como cubriendo el pelo. El novio lo puede levantar en el momento del beso y/o bendición nupcial. Dentro de los velos cortos existen varios modelos:

a. Jaula: cubre la cara dejando la nuca al descubierto. Es un velo de estilo *vintage*, también llamado velo de *Madonna*.

b. Suelto: cae suelto desde la cabeza dejando ver la caída característica del tejido del que esté confeccionado. Es un velo menos formal, que tiene múltiples capas y apenas llega a los hombros de la novia.

c. *Blusher:* se caracteriza por cubrir la cara de la novia por delante, y la nuca por detrás, por donde también toca al hombro. La medida debe ser de entre 55 y 65 cm. de largo.

d. Fuente: se recoge en la coronilla de la cabeza para crear un efecto en cascada sobre el rostro. Por lo general cae sobre los hombros.

A la cintura

Empieza en un prendedor en la cabeza, casi siempre oculto detrás del tocado, y baja por la espalda hasta llegar a la cintura. Puede variar ligeramente según la línea del vestido.

e. Al codo: llega hasta el codo o hasta la cintura de la novia. Debe medir unos 75 cm. de largo y bajar por la espalda hasta la cintura.

f. *Puff:* confeccionado generalmente en tul, se recoge en forma de dobleces en la parte alta de la cabeza o a la altura de la nuca para que adquiera más volumen.

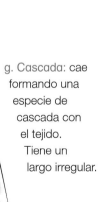

g. Cascada: cae formando una especie de cascada con el tejido. Tiene un largo irregular.

Tipo capa

Cubre desde la cabeza, se abre a los lados de la cara y luego se cierra ligeramente bajo de la cintura.

El velo a dos capas

{ Como su nombre indica, está compuesto por dos capas de tela, lo que hace que el velo tenga más volumen. Este estilo puede crearse con cualquier tipo de velo de los anteriormente descritos, incluso con el Blusher. }

2. LARGO:

Este tipo de velo tiene el mismo largo que el vestido, cubre la caída del mismo e incluso puede sobrepasarla. A pesar de su tamaño, es fácil de llevar y quitar si practicas antes. Entre ellos destacan los siguientes modelos:

a. A la yema del dedo: su largo llega a la altura de los dedos de la mano cuando los brazos cuelgan rectos a ambos lados del cuerpo. Es elegante y muy común, pues puede usarse con cualquier tipo de vestidos de novia.

b. Vals: el largo queda entre la rodilla y el tobillo. Es la opción adecuada cuando desees un largo mayor del que ofrece el velo a la altura de los dedos. También se conoce como velo de *Ballet*.

c. Hasta el suelo:
el largo llegará al
suelo.

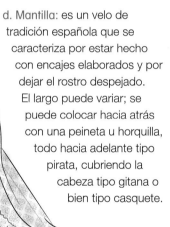

d. Mantilla: es un velo de
tradición española que se
caracteriza por estar hecho
con encajes elaborados y por
dejar el rostro despejado.
El largo puede variar; se
puede colocar hacia atrás
con una peineta u horquilla,
todo hacia adelante tipo
pirata, cubriendo la
cabeza tipo gitana o
bien tipo casquete.

e. Semimantilla: es una variante de la
mantilla que también podemos
encontrar en diferentes larguras.
Al igual que la mantilla, se
caracteriza por dejar el rostro
despejado. Posee una cenefa de
encaje amantillado a lo largo
de los extremos de un velo
confeccionado en otro
tejido más sencillo.

127

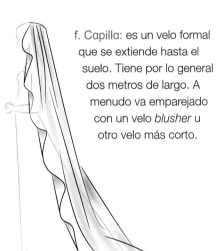

f. Capilla: es un velo formal que se extiende hasta el suelo. Tiene por lo general dos metros de largo. A menudo va emparejado con un velo *blusher* u otro velo más corto.

g. Catedral: se caracteriza por tener un largo como mínimo de dos metros y medio. Es conocido como velo Real por ser el más formal.

[elegancia y sencillez]

Si tu vestido es muy recargado es mejor que lleves un velo sencillo; si optas por un velo muy recargado tipo mantilla emplea adornos sencillos para decorarte el cabello.

[una novia misteriosa]

Si quieres acercarte al altar cubierta por el velo para dar una sensación de misterio y romanticismo, recuerda que debes retirarlo de tu rostro una vez que el sacerdote os haya declarado marido y mujer. Es conveniente que practiques varias veces cómo te lo vas a retirar de la cara y cómo te lo quitarás sin dañar el peinado.

tocados

Los tocados están de moda, son adornos que han ido ganando cada vez más protagonismo. No hay restricciones: plumas, casquetes, diademas, organzas, estructuras de crin, flores, redes con o sin motas… ¡cualquier elemento decorativo es posible! Los tocados sientan bien tanto con el pelo suelto como recogido, y también si lo llevas corto. Lo que no debes olvidar es que un tocado atrevido y espectacular siempre casa mejor con un vestido de líneas sencillas, color discreto y sin estampados. No pretendas sorprender con todo. Es mejor centrarte en una pieza que quieras destacar y ser discreta con el resto de tu atuendo.

ALGUNOS TIPOS DE TOCADO SON:

Tiara:
es una diadema semicircular de joyas o cuentas utilizada en la parte superior de la cabeza.

Corona:
se asemeja a un círculo de flores, ramas, follaje y/o una cinta en la coronilla de la cabeza. También es conocido como guirnalda.

Casquete:
es un gorro ajustado para cubrir
toda o parte de la cabeza.

Clip:
similar a una barrita de
metal que doblada sobre
sí misma sujeta aquello
que prende.

Redecilla:
es un sombrero en forma de red,
o parte de un sombrero, que
envuelve el pelo. A menudo está
confeccionada de encaje o de
tejido trenzado.

Croché: sombrero al estilo *garçon* que suele acompañarse de un peinado corto. Es un sombrero de alas recortadas que apenas dejan ver los ojos y que se lleva encajado en la cabeza.

Horquilla: pieza de alambre doblada por el medio con dos puntas iguales.

Peineta: peine convexo que se usa para adornar o asegurar el peinado.

Diadema: es una joya femenina en forma de media corona abierta por detrás que se coloca en la cabeza y sujeta el pelo hacia atrás.

Pasador:

aguja grande de metal, concha u otro material usada para sujetar el pelo recogido o adornar la cabeza.

Gorro Julieta:

malla que se ajusta a la cabeza y suele estar confeccionada en ganchillo.

Coletero:

goma, lazo o cualquier otro utensilio para recoger el pelo y hacer una coleta.

[pon a prueba tus complementos]

Es importante que hayas elegido el traje antes de decantarte por un velo o tocado. La única manera de ver la armonía entre estos elementos es observarlos en su conjunto. ¡No olvides llevarlos a tus últimas pruebas!

joyas y bisutería

Una joya es un adorno de oro, plata o platino con perlas, piedras preciosas o sin ellas. Sin embargo, los artículos de bisutería son adornos hechos con materiales no preciosos.

PARA ATRAER LAS MIRADAS... TEN EN CUENTA:

1. El color: los metales blancos armonizan con los colores fríos (invierno y verano), mientras que los dorados van bien con los tonos cálidos (otoño y primavera). Observa qué metales te irán mejor según la estación del año:

> Para invierno: plata, platino, oro blanco, perlas blancas o grises, marfil o coral blanco y diamantes.
> Para verano: los mismos metales blancos que para invierno y, además, el oro, las perlas y el coral rosados.
> Para otoño: metales en tonalidades doradas, bronce, cobre y carey. Perlas color crema, el ámbar y la esmeralda.
> Para primavera: los mismos colores que en el otoño.

2. La ocasión: en tu boda puedes lucir joyas más sofisticadas, pero no olvides que la elegancia es sencillez. La novia no debe llevar reloj de pulsera.

3. Su colocación: las joyas son captadores de atención, así que deberás alejarlas de las partes de tu cuerpo que quieras disimular.

4. El tamaño: como recomendación general las joyas deben usarse con moderación, especialmente durante el día. Las alhajas lujosas deben reservarse para actos de gala, bodas y otros eventos sociales de etiqueta.

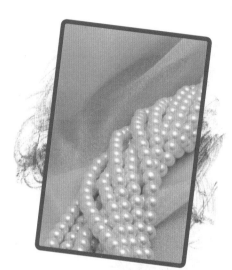

5. Su forma: a una cara muy redonda no le sentarán bien los pendientes de formas redondeadas, sí en cambio unos que sean alargados.

6. Tu vestimenta: la joyería debe adecuarse al estilo del traje y de los complementos: novia clásica, *vintage*, bohemia, etc.

[de perlas] Las perlas son un clásico internacional en color blanco o gris. Algunos especialistas dicen que solo deben usarse durante el día y en invierno, y que si se llevan en primavera o verano, solo se deben lucir por la noche y en ocasiones muy formales. Una de las tantas tradiciones que rodea a las bodas es aquella que dice que la novia no debe llevar perlas en el día que contraiga matrimonio, pues hacerlo traería lágrimas a la esposa y desdicha al nuevo hogar. Esta creencia probablemente tiene su origen en el cristianismo, que comparaba estas hermosas joyas con lágrimas de ángeles.

COLLARES

Los collares destacan el pecho y el escote.

Largo

> Los collares que llegan hasta el medio del pecho favorecen a las mujeres con cuello corto y cara redondeada.
> Los collares largos favorecen a las mujeres con cuello corto y hombros anchos. Si quieres disimular un pecho grande o una barriguita sobresaliente evita los collares largos que terminan sobre estas áreas, y elige un collar que llegue por encima del pecho. Si eres bajita, un collar que caiga entre el pecho y la cintura creará el efecto óptico de hacerte parecer más alta.
> Los collares cortos o gargantillas alrededor del cuello o la clavícula favorecen a los cuellos largos y rostros angulares.

Tamaño

> Los collares planos y sin relieve son la mejor opción para mujeres corpulentas.
> Los collares rectangulares en forma de «V» favorecen a las caras redondas.
> A los rostros con forma de corazón, cuadradados o angulosos les favorecen los collares redondos.
> Los abalorios y cuentas robustas acentúan el tamaño de quien las porta.

PENDIENTES

Los pendientes iluminan la cara y ayudan a distraer la atención para que los demás no se fijen en las partes de tu cuerpo que quieres disimular. Su tamaño debería contrarrestar el de tu rostro, sin añadirle volumen o tamaño. Dependiendo de cómo sean podrás estilizar el cuello y la cara. Por ejemplo, los pendientes en forma de gota alargan el cuello y aportan altura; lo ideal es que pendan justo hasta la línea de la mandíbula.

> **Rostro oval:** debes evitar los pendientes redondos, de botón o los aros. Te favorecen especialmente los pendientes largos y en forma de triángulo.
> **Rostro rectangular:** quedarás favorecida con pendientes redondos y con aros, pero debes evitar los pendientes que enfatizan el largo de la cara.
> **Rostro redondo:** elige los que cuelgan rectos o los rectangulares. Evita los redondos o robustos pegados al lóbulo.
> **Rostro en forma de corazón:** te favorecen los estilos opuestos a tu forma de óvalo. Evita los que acaban en punta.
> **Rostro cuadrado y anguloso:** los pequeños, ovales y los aros son los mejores para tus facciones. Los grandes y robustos pueden ensancharte ópticamente la cara.

prendas de abrigo

BOLERO Y TORERA

El bolero es una chaquetilla corta de mujer que por lo general se lleva abotonada. La torera es también una chaquetilla ceñida al cuerpo, pero por lo general se lleva sin abotonar y no pasa de la cintura. Son prendas que sirven de complemento al traje de novia cuando es preciso protegerse del frío o cubrirse parcialmente el cuerpo durante la ceremonia en caso de lucir vestidos palabra de honor o muy escotados.

CHAL

Es un paño más largo que ancho que se utiliza como abrigo o adorno sobre los hombros. Al igual que las anteriores prendas, puede usarse para protegerse del frío o bien para cubrir ligeramente los hombros en caso de vestir un traje escotado o sin tirantes.

limosnero

Es un bolso muy pequeño en el que apenas caben unas monedas, un pañuelo y una barra de labios. Algunas novias deciden usarlo el día de su boda para tener a su alcance lo indispensable.

prendas interiores y de lencería

Elegir una adecuada lencería es clave para lograr un *look* perfecto el día de tu boda. Te permitirá modelar tu cuerpo y hará que te sientas más *sexy* gracias a la diversidad de diseños, telas y encajes en los que está confeccionada.

No dejes la elección de la lencería para última hora, y busca la más bonita sin renunciar a la comodidad. La puedes encontrar en una gran variedad de modelos y marcas, confeccionada con encajes, sedas, rasos, tules, flores, bordados, lazos sensuales, y además… ¡cómoda y ligera!

CANCÁN

Es la enagua con volantes almidonados que sirve para ahuecar la falda y mantenerla en su forma original. Como es una estructura que modela los vestidos por su interior, tiene diferentes formas en función de cómo sea el traje. Es ligero y muy cómodo.

[el cancán de antaño]

Los cancanes tuvieron diferentes formas en los distintos periodos históricos: el verdugado acampanaba las faldas dándoles forma de cono, el guardainfantes simulaba volumen en los laterales de la cadera, el miriñaque ahuecaba la falda enormemente y el polisón llevaba el volumen de la misma hacia la parte trasera. En la actualidad puedes encontrar distintos estilos de cancán basados en estas antiguas estructuras interiores.

MEDIAS

Puedes elegir entre pantimedias y medias. Las novias normalmente se decantan por las medias, una prenda que se considera muy *sexy* debido a sus terminaciones en encajes. Antiguamente se usaban ligas para sostener las medias, pero ahora ya las puedes encontrar con una cinta de silicona en la parte superior que evita que se caigan. Existen infinidad de modelos: lisas, caladas, con motivos decorativos desde los más sencillos a los más sofisticados, con rayas y con flores bordadas, estas últimas muy bonitas y delicadas. Lo primordial a la hora de elegirlas es buscar la comodidad sin olvidar escoger el color adecuado: blanco, crema o un tono que combine con el vestido y los zapatos. Si vas a usar pantimedias recuerda escoger la talla adecuada; no queda bonito lucir las piernas con pliegues.
Un consejo, evita las innovaciones.

LIGA O LIGUERO

La liga se ha convertido en una tradición. Es costumbre decorarla con una cinta de color azul porque se cree que así dará suerte a la novia. Si decides ponértela, debes asegurarte de que esté bien sujeta a tu pierna.

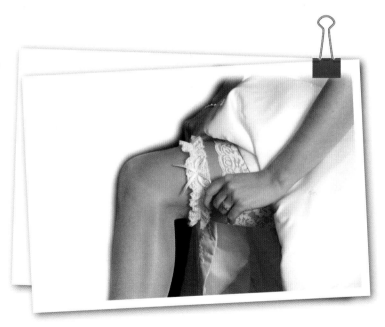

SUJETADOR

Es la prenda de vestir interior que usan las mujeres para ceñir el pecho y una de las principales piezas de la lencería nupcial. Trata de escoger un diseño bonito que, a su vez, sea cómodo y te dé un buen soporte. Hay muchos modelos: copa entera o media copa, *strapless* o sin tirantes y *push-up*. Te darás cuenta de que un sujetador no es de tu talla cuando al probártelo sientas que te ajusta, te deja marcas en la piel, no te recoge bien el pecho y hace que este se mueva más de lo debido. Fíjate en que la copa sea completa para evitar que los laterales del pecho se salgan de las sisas. Si lo prefieres, inserta en las copas unas estructuras de silicona que realcen tu busto para que luzca espléndido.

CORSÉ

Es una prenda interior armada con ballenas empleada por las mujeres para ceñirse el cuerpo desde debajo del pecho hasta, generalmente, las caderas. Lo usan las novias que desean afinar la cintura o realzar el talle. Es importante que la tela sea lo suficientemente gruesa para que no se noten las varillas, costuras o listones. Los hay de media copa para resaltar el busto, de copa completa para mantenerlo firme, y hasta las caderas para contener el volumen de las mismas.

[ensayo general] A tu segunda prueba del traje debes llevar los zapatos y la ropa interior, o al menos el sujetador que te pondrás el día de la boda. Es importante ver previamente el atuendo en su conjunto para que no te lleves ninguna sorpresa inoportuna.

guantes, sombrillas y abanicos

No importa el clima del lugar donde se celebre la boda; podrás usar guantes, sombrilla o abanico simplemente como elementos decorativos.

GUANTES

Pueden ser largos para cubrir el brazo, abrochados con botones o simples de vestir elaborados con diversos materiales, como el cuero, el terciopelo, el encaje, la seda, etc.

SOMBRILLA

Las mujeres que deciden llevar una sombrilla el día de su boda buscan la sofisticación y aportar un detalle especial a su estilo.

ABANICOS

Se pueden utilizar a cualquier hora del día, en espacios cerrados o abiertos. Si quieres uno como complemento el día de tu boda, debes elegirlo de un color discreto y elaborado en materiales ricos. Si sabes de antemano que hará mucho calor... ¡no te sobrará ni un instante!

Recuerda:

1. No descuides la elección de tus zapatos, pues se verán en muchos momentos a lo largo del día. Asegúrate de que sean cómodos, no olvides que será un día largo.

2. El velo o el tocado viste el cabello y corona la imagen final de una novia. Su elección debe adaptarse a tu personalidad y estilo.

3. La selección de los artículos de joyería puede ayudarte a estilizar el cuello y la forma de tu rostro.

4. Algunas prendas que puedes usar para abrigarte o cubrirte ligeramente son los boleros, los chales y las toreras. Escoge la prenda más acorde al resto de tu vestuario.

5. El uso del cancán ayudará a mantener la forma y el ahuecamiento del vestido.

6. No dejes de prestar atención a la elección de la ropa interior. Escoge aquellas prendas que te den buen soporte y sean cómodas, pero sin privarte de las más bonitas.

notas y anécdotas para no olvidar: